Yhteistoimintajohtaminen terveydenhuollossa

Pekka Suonsivu

Yhteistoimintajohtaminen terveydenhuollossa

Yhteistoimintajohtaminen terveydenhuollossa

Pekka Suonsivu

Tekijä on saanut Suomen tietokirjailijat ry:n apurahan

Kustantaja: BoD - Books on Dermand, Helsinki, Suomi

Valmistaja: BoD - Books on Demand, Norerstedt,

SaksaISBN: 9789528042877

Lukijalle

Terveydenhuollon organisaatiot ovat Suomessa moniportaisia asiantuntijaorganisaatioita. Tämä tekee etenkin julkisessa terveydenhuollossa johtamisesta ja esimiestyöstä monella tavalla vaikeaa ja haasteellista. Huomioon otettavia tahoja on todella runsaasti, kuten esimerkiksi kuntayhtymän valtuusto ja hallitus, yhtymähallinto, toimialuejohto, henkilöstö, asiakkaat, omaiset, opiskelijat, oppilaitosten edustajat, ammattijärjestöt, luottamusmiehet, työsuojeluhenkilöt, kansalaisjärjestöt, poliitikot ja median edustajat.

Osa terveydenhuollon johtajista on oman erikoisalansa huippuosaajia, jotka hallitsevat toimialansa sisällöllisesti erittäin hyvin, mutta eivät välttämättä palvelusuhteeseen liittyviä säädöksiä ja sopimuksia sekä hyviä hallinnollisia käytäntöjä. Myös vuorovaikutustaidoissa saattaa olla puutteita. Tämä voi ilmetä esimerkiksi etäältä johtamisena tai peräti käskytysluonteisena johtamisena, jolloin vuoropuhelu henkilöstön ja heidän edustajiensa kanssa on vähäistä ja viestintä yhdensuuntaista tiedottamista. Myös vahvasti esillä oleva paikallinen sopiminen, mikä tarkoittaa työpaikoilla tapahtuvaa työehdoista sopimista työantajan ja työntekijöiden välillä, ja sen lisääminen vaatii johtajilta ja esimiehiltä substanssiosaamisesta poikkeavaa uudenlaista osaamista, avoimuutta, luottamusta ja uudistumista.

Johtamismalleja ja kulloisia johtamistrendejä on vuosien saatossa nähty mittava määrä. Nykyaikainen johtaminen pyrkii kokoamaan päätösten tueksi kaiken olennaisen tiedon ja näkemykset myös henkilöstöltä. Yhteistoimintalait on laadittu juuri sitä varten, että johtamisessa huomioidaan toiminnan ja talouden lisäksi aina päätösten henkilöstövaikutukset ja että henkilöstöllä on mahdollisuus vaikuttaa heitä koskeviin päätöksiin. Nykyaikainen johtaja terveydenhuollossa käyttääkin aktiivisesti yhteistoiminnallisia toimintatapoja. Osalle johtajista ja esimiehistä yhteistoiminnallinen johtaminen ei ole vielä lainkaan itsestään selvää, vaan käytössä on myös vanhanaikaisia johtamistapoja.

Tämän kirjan tarkoituksena on selvittää mitä tarkoittaa yhteistoiminnallinen johtaminen suomalaisessa julkisessa terveydenhuollossa ja mitkä ovat sen mahdollisuudet ja hyödyt toiminnalle. Kirjan anti myös auttaa johtajia ja esimiehiä tuomaan oma johtamisensa nykyaikaan.

Kirjan kohderyhmänä ovat terveydenhuollossa toimivat johtajat ja esimiehet. Kirja soveltuu myös oppikirjaksi johtamista tai hallintoa opiskeleville.

Tampereella 15.4.2021

Pekka Suonsivu

Sisältö

Johtaminen

Mitä on johtaminen? Tähän kysymykseen on lukuisia vastauksia. Työorganisaatiot on perustettu tiettyjen tehtävien hoitamista varten. Niillä on selvät tavoitteet ja resurssit toimintaa varten. Tarkkonen (2005) on määritellyt johtamisen organisatorisen työnjaon koordinoivaksi tehtäväksi, jolla pyritään työorganisaation päämäärien saavuttamiseen. Johtaminen on jatkuvaa asioiden koordinointia ja päätöksentekoa. Keskeisiä johtamiskohteita ovat toiminta, talous ja henkilöstö.

Johtaminen on toimintaa, jonka avulla ihmisten työpanosta ja voimavaroja pystytään hankkimaan, kohdentamaan ja hyödyntämään tehokkaasti tietyn tavoitteen saavuttamiseksi (Seek 2008). Sydänmaanlakka (2007) on puolestaan määritellyt johtajuuden prosessina, jossa johtaja vaikuttaa yksilöön tai ryhmään, jotta yhteinen tavoite saavutettaisiin tehokkaasti. Kaija Suonsivun (2011) mukaan moderni johtaminen ei perustu valtaan ja käskyttämiseen, vaan vuorovaikutukseen ja vuoropuheluun.

Työturvallisuuskeskus on määritellyt johtamista työhyvinvoinnin näkökulmasta. Hyvä työhyvinvointia tuottava johtaminen on sekä asioiden että ihmisten johtamista. Tarkoituksena on ohjata henkilöstö toimimaan haluttuun suuntaan. Johtamisessa yhdistyvät vastuu ihmisistä ja arjen asioista.

Asioiden johtaminen on organisaation toimintaprosessien hallintaa, suunnittelua, organisointia, arviointia, kontrollointia sekä niihin liittyvää päätöksentekoa. Työhyvinvointia tuottava asioiden johtaminen on systemaattista toimintaa, jossa tavoitteet ja järjestelmät tukevat toimintaa. Johtaminen perustuu organisaation missiolle, visiolle, arvoille ja strategialle. Organisaation sovitut toimintamallit, suunnitelmia ja pelisäännöt eivät muutu henkilöiden vaihtuessa.

Ihmisten johtamisen tavoitteena on saada tarvittavat asiat tapahtumaan ja ihmiset toimimaan halutulla tavalla organisaation tavoitteen saavuttamiseksi. Johtaminen on ennen kaikkea yhteistyössä toimimista. Tulokset saadaan aikaan ihmisten avulla ja heidän kanssaan.

Organisaatiotasolla sovitut yhtenäiset johtamiskäytännöt luovat oikeudenmukaista ja tasavertaista johtamista.

Lähde: Työturvallisuuskeskus 2020

Johtamisessa korostuu päätöksenteko. Asioita valmistellaan, tavoitteita asetetaan ja toimintaa organisoidaan. Viime kädessä ratkaisevaa on kuitenkin päätöksenteko. Päätöksiä tekevät nimenomaan johtajat ja esimiehet työorganisaation eri tasoilla. Harisalon (2009) mukaan päätöksenteko vaikuttaa huomattavasti enemmän organisaation menestykseen kuin organisaation rakenne, henkilöstö, johtajien ominaisuudet ja teknologia.

Virtasen ja Stenvallin (2014) mukaan Suomen julkisen hallinnon keskeisiä piirteitä ovat olleet: luotettavuus, normisidonnaisuus, ammattimaisuus, verkottuneisuus, pragmaattisuus, päätöksentekokeskeisyys, tiedon arvostaminen ja vähittäinen uudistuminen. Kaiken kaikkiaan julkinen hallinto on toimintakykyinen, mikä näkyy myös johtamisessa.

Johtamistehtävät ovat moninaisia. Hamelin (2007) mukaan näitä ovat esimerkiksi tavoitteiden asettaminen, koordinointi, kannustaminen, valvonta, osaamisen kehittäminen, tiedon kerääminen ja soveltaminen, resurssien johtaminen, henkilösuhteiden ylläpito ja yhteistyö eri sidosryhmien kanssa. Tavoitteellisuus on johtamisessa merkittävää, samoin luottamus alaisiin ja johtamistehtävien delegointi sekä johtajan oma ajankäyttö.

Julkisessa johtamisessa, kuten sairaanhoitopiirin, toiminnan perustana on yleinen etu. Johtamisen tavoitteet nojaavat yhteiskuntapoliittisiin päämääriin. Yksityisessä johtamisessa lähtökohtana on yksityinen intressi ja tavoitteet nojaavat yksittäisen organisaation menestykseen ja voittoon. (Koivuniemi 2004.)

Jotta organisaatio voisi päästä tavoitteisiinsa ja tuloksiin, johtajien on siis kyettävä tekemään jatkuvasti päätöksiä. Käytännössä jotkut asiat ehditään valmistelemaan huolellisesti, mutta etenkin terveydenhuollossa on päätöksiä pystyttävä tekemään nopeastikin. On sovittava mitä tehdään, miten ja milloin tehdään sekä kuka tai ketkä tekevät. Mikäli työyhteisössä ei kyetä tekemään päätöksiä vaikeistakin asioista, epävarmuus lisääntyy ja henkilöstö turhautuu. (Stenvall, ym. 2007.)

Olen työelämäni aikana kohdannut hyvin erilaisia päättäjiä terveydenhuollossa. Pääosin he kykenivät tekemään päätöksiä riittävän nopeasti. Olen nähnyt myös ambivalenttisia johtajia, jotka venyttävät ja siirtävät päätöksiä eteenpäin. Tällaiset johtajat hidastavat toimintaa, joskus suorastaan jarruttavat. Onneksi johtaminen on nykyisin ammattimaisempaa, mikä tarkoittaa sitä, että kuvaamiani päättämättömiä päätöksentekijöitä on aiempaa vähemmän työorganisaatioissa.

Haasteellinen toimintaympäristö voi aiheuttaa johtajille ja esimiehille myös riittämättömyyden tunteita (Suonsivu & Surakka 2014). Hyvän johtajan tärkein ominaisuus on johdonmukaisuus ja sen mukanaan tuoma ennustettavuus. (Hiltunen 2012). Johtajuuden merkitys korostuu etenkin organisaation muutoksissa (Salo & Leisti 1994).

Johtamisteorioita ja johtamismalleja on kautta vuosien esitetty todella paljon. 1900-luvun alusta 2020-luvulle tultaessa ovat tutuksi tulleet esimerkiksi:

Weberin konebyrokratia
Taylorin tieteellinen liikkeenjohto
Klassinen organisaatioteoria
Mayon ihmissuhdekoulukunta
Simonin hallinto päätöksentekona
Tavoitejohtaminen
Tulosjohtaminen
Strateginen johtaminen
Verkostojohtaminen
Palvelujohtaminen
Laatujohtaminen
Prosessijohtaminen
Resurssijohtaminen
Voimavarajohtaminen
Ikäjohtaminen
Valmentava johtaminen
Osaamisen johtaminen.

Jotta ymmärtäisimme työorganisaatioiden toimintaa ja johtamista sekä asetelmaa työnantaja – työntekijä, on hyvä perehtyä ainakin keskeisiin johtamisteorioihin ja -malleihin.

Sosiologi Max Weberin (1864 -1920) byrokratiateoria (Weber 1922), oli ensimmäinen perusteellinen organisaatioteoria. Weberin keskeisiä teemoja olivat rationaalisuus ja byrokraattinen hallinta. Ne selittivät miksi, miten ja millaisiksi työelämän organisaatioiden perusrakenteet olivat syntyneet. Byrokraattinen hallinta kuvaa formaalia rationaalisuutta, mikä on ollut esillä organisaatioteoreettisessa keskustelussa. (Kasvio 1990.) Teoreettisena ja käsitteellisenä konstruktiona byrokratia on ideaali- eli puhdas tyyppi. Se on teoriana ajattelun väline, jonka avulla voimme tutkia mitä erilaisimpia organisaatioita.

Max Weberin esittämän byrokratiateorian peruselementit on löydettävissä tämänkin päivän työorganisaatioista, vaikka rakenteita on uudistettu palveluperiaatteita paremmin vastaaviksi ja toimintoja muutettu. Toiminta perustuu edelleenkin lakeihin, viranhaltijoilta vaaditaan pätevää asiantuntijuutta, virkaan sisältyy erityinen auktoriteettiasema ja virkamiesten lojaalisuus on varmistettu virkamiesoikeudellisin säädöksin.

Kehittyneen byrokratian ominaisuudet:

> Se on sääntöjen sitomien virallisten funktioiden pysyvä organisaatio.

Jokaisella organisaatiolla on tarkoin määritelty kompetenssi eli toimivalta, joka sisältää velvollisuuden suorittaa työnjaon mukaiset tehtävät, auktoriteettiaseman so. oikeuden antaa käskyjä, sekä pakkokeinojen järjestelmän sekä tarkat määräykset niiden käyttöedellytyksistä.

Vallitsee virkahierarkian periaate, jolloin jokaisella on vain yksi esimies ja jokainen tietää ja tuntee paikkansa organisaatiossa.

Kaikkea toimintaa ohjaavat oikeudelliset normit, joiden soveltaminen edellyttää koulutusta ja erityistä virkamiesasemaa.

Hallinnossa toimivat virkamiehet eivät voi omistaa hallinnon tai tuotannon välineitä.

Weberin rationalisoitumista kuvaavia näkökulmia ovat: tarkoituksellinen ja tietoinen pyrkimys saavuttaa jotakin, päämäärien ja keinojen laskelmoitu tarkastelu, omaehtoisesti syntynyt toiminta, johdonmukainen ajattelu, kasvava universaalisuus ja järjestelmällinen organisoituminen.

Juha Vartola (2005) on kuvannut byrokratian keinoksi muuttaa yhteisöllinen toiminta rationaaliseksi yhteiskunnalliseksi toiminnaksi. Se on valtasuhteiden yhteiskunnallistamisen keskeisin väline, samalla se on myös vallan väline. Byrokratian persoonaton luonne ja sitä vahvistava voimakas lojaliteetti-ideologia merkitsevät, että jokaisen, joka kykenee kontrolloimaan byrokratiaa, on helppo saada se toimimaan tahtonsa mukaisesti.

Kapitalismin myötä työ muuttui palkkatyöksi ja huomio kiintyi työn organisointiin, johtamiseen ja työn tuottavuuteen. Tässä kehityksessä pidetään merkittävänä teoriana ja käytäntöön aikanaan valtavasti vaikuttaneena tieteellistä liikkeenjohtoa, jota edusti Frederic Winslow Taylor (1856 -1917). Hänen mielestään tieteellisen tutkimuksen avulla voitiin löytää tehokkaita keinoja, joilla parannetaan työn tuottavuutta organisaatioissa Taylorin teemojaan olivat työnjako, erikoistuminen, osaaminen, tuottavuus ja tehokkuus, havainnointi ja mittaaminen, mutta myös työntekijöiden työmotivaatio ja palkitseminen.

Viimeksi mainitusta löytyykin jo tekijöitä, jotka ottivat huomioon työntekijät, siis alustavia aihioita henkilöstöjohtamiseen. (Wren 2005.) Vaikkakin valta työelämässä oli tiukasti työnantajalla, esille nousi työntekijöiden ja työnantajan yhteistyö ja sen merkitys. Työturvallisuuden osalla liikkeenjohdolliset opit näkyivät esimerkiksi turvallisuustoimikuntien perustamisena. Näissä yhteistoimintaorganisaatioissa oli sekä työnantajan että työntekijöiden edustajia. (Eklund & Suikkanen 1984, Kettunen 1994.)

Seuraavaksi käsiteltävä organisaatioteoria on klassinen organisaatioteoria, jota edusti Henry Fayol (1841-1925). Hänen kehittelemiään organisaation menestymisen kannalta keskeisiä teemojaan olivat: suunnittelu, organisointi, johtaminen, koordinointi ja kontrolli. Tarkkosen (2016) mukaan ”tarkoituksena oli rakentaa selkeä linjaorganisaation malli, joka asemavalta- ja alistussuhteineen sekä edellytysten luonteineen ja seurantoineen läpäisee hierarkkisesti ja johdonmukaisesti työorganisaation”.

Tämä perusmalli myöhempine variaatioineen (hajautettu linjaorganisaatio, funktionaalinen organisaatio ja tulosyksiköiksi jaettu organisaatio) on muodostunut modernin hallintotieteellisen ja management -tutkimuksen yhdeksi hallitsevaksi paradigmaksi. Fayolin mielestä organisaatiossa pitää olla ylin johtaja, joka ottaa kokonaisvastuun toiminnasta ja joka on auktoriteetti ongelmanratkaisutilanteissa. (Peltonen 2010.) Yhteistoiminnallisuus ei tällaisissa organisaatioissa ollut mitenkään vallitsevana piirteenä (Suonsivu 2018).

Fayolin jälkeen samoja teemoja kehittelivät Yhdysvalloissa "Science of Administration" –liike, henkilöinä erityisesti Luther Gulick ja Lyndall Urwick. Gullikin hallintoa käsitteleviä teemoja olivat:

> Suunnittelu (planning): miettiä laaja-alaisesti asiat, jotka on tehtävä ja menetelmät tehdä ne siten, että organisaation tarkoitus toteutetaan.
>
> Organisointi (organizing): sellaisen virallisen auktoriteettirakenteen aikaansaaminen, jonka kautta alayksiköt järjestetään, määritellään ja koordinoidaan asetettuun päämäärään nähden.

Henkilöstön hankinta (staffing): koko henkilöstöfunktio, johon sisältyy henkilöstön sisäänotto ja koulutus sekä suotuisten työolosuhteiden ylläpitäminen.

Johtaminen (directing): jatkuva tehtävä tehdä päätöksiä ja sisällyttää ne erityisiin ja yleisiin määräyksiin ja ohjeisiin palvelemaan organisaation ohjausta.

Koordinointi (co-ordinating): työn eri osien keskenään suhteuttamista koskeva keskeinen velvollisuus.

Raportointi (reporting): pitää ne, joille johtaja on vastuussa, informoituina siitä, miten asiat sujuvat, mikä sitten pitää sisällään velvollisuuden pitää itsensä ja alaisensa informoituna kirjanpidon, tutkimuksen ja tarkastuksen avulla.

Budjetointi (budgeting): kaikki mikä sisältyy budjetointiin rahoitussuunnittelun, laskennan ja kontrolloinnin muodossa.

Elton Mayo selvitti General Electricin Hawthornen tehtailla Yhdysvalloissa työn tuottavuuteen vaikuttavia tekijöitä ja havaitsi sosiaalisten tekijöiden merkityksen ja vaikuttavuuden työn tuottavuuteen. Harisalon (2009) mukaan "ihmissuhteiden koulukunta siirsi peruuttamattomasti painopisteen organisaatioiden muodollisista tekijöistä, työnjaosta, rakenteesta, säännöistä ja hallinnollisista prosesseista , työntekijöihin, henkilöstöön." Johtamisessa ja henkilöstöpolitiikassa kiinnitettiin tämän myötä huomiota yritysten sosiaalisiin suhteisiin.

Hallintoa päätöksentekona korosti Herbert A. Simon, joka tunnetaankin nimenomaan päätöksentekoteorian kehittäjänä. Simonin mielestä hallinnon ja siten päätöksenteon keskeinen tehtävä oli saada asiat tehdyiksi tehokkaasti. Organisaatiossa jokainen osallistuu omalta osaltaan hallintoon tehdessään päätöksiä. Tehokkuutta lisää organisaation jäsenten samaistuminen ja sitoutuminen organisaation tavoitteisiin. Simonin mukaan organisaatiot noudattavat toiminnassaan rajoitetun rationaliteetin eli sidotun rationaliteetin periaatetta, koska päättäjien älyllinen kapasiteetti on rajallinen, informaatio päätöstilanteessa on puutteellista, aika ei mahdollista täydellisyyteen pyrkimistä ja organisaatioiden ryhmäluonne saa aikaan sen, että päätöksenteossa on keskityttävä eri ryhmiä ja osapuolia tyydyttävän ratkaisun etsimiseen. (Simon 1979.)

Kun tässä kirjassa edetään kohti yhteistoimintajohtamista, on syytä käsitellä myös Mary Parker Folletin ajattelua, mikä poikkesi niin tieteellisen liikkeenjohdon kuin klassisen organisaatio-opin ajattelusta. Yksilön pyrkimyksillä on Folletin mukaan kantavuutta vain, jos ne yhdistyvät ryhmän integratiivistä kokonaisuutta ilmaiseviin tavoitteisiin. Etukonfliktien ratkaisemisessa yksilöiden tai yksilöiden ja ryhmän välillä tarjoutuu periaatteessa neljä vaihtoehtoa:

> Jompikumpi osapuoli alistuu toteuttamaan toisen intressejä.
>
> Osapuoli pyrkii väkivalloin toteuttamaan intressinsä toisen tappioksi.
>
> Kompromissi.

Integratiivinen, osapuolten edut yhdentävä ratkaisu, jossa kaikki osapuolet voittavat, ts. ovat intressiensä toteuttamisen suhteessa paremmassa asemassa kuin ennen ristiriidan ilmituloa. (Wren, 1979.)

Follet kiinnitti huomiota työorganisaation valtasuhteisiin. Sädevirran (2004) mukaan Follet halusi korvata valtakäsitteen "power over", valta johonkin, käsitteellä "power with", valta yhdessä. Samoin hän olisi korvannut pakon tai suostumuksen yhdessä toimimisen käsitteellä. Mekanismia, jolla siirrytään "power vith" järjestelyihin, Follet kutsui responsiivisen kehän (cirkular response) menetelmäksi. Folletin mukaan vallassa yhdistyy yksilön tahto ja taito saada asiat tapahtumaan haluamallaan tavalla (Follet 1995). Harisalon (2009) mukaan Follet yhdisti ajattelussaan valvonnan ja koordinaation.

Follet kannatti työntekijöiden osallistumista yrityksen päätöksentekoon. Hänen ajattelunsa loi perustan nyky-aikaisille neuvottelumenettelyille ja työelämän yhteis-toiminnallisuudelle. Hän korosti aitoa yhteistoimin-nallisuutta ja ristikkäisten etujen yhdentymispyrkimysten tärkeyttä ja menettelyä, jossa kaikille osapuolille tarjotaan tilaisuus vaikuttaa avoimessa vuorovaikutustilanteessa muihin osapuoliin aidon keskustelun ja rehellisen tietojen vaihdon avulla. (Follet 1971, alkuperäinen 1941.)

1950 -luvulla ja sen jälkeen esille nousivat esimerkiksi:

Yhteistoiminta ja osallistuminen (Likert 1961)

Neuvottelumenettely (Walton & McKersie 1965)

Työelämän laatu, johtamisjärjestelmät ja vuorovaikutus (McGregor 1971)

Oppiminen (Argyris & Schön 1974)

Työn organisointi (Hackman & Oldham 1980)

Työyhteisön kehittäminen (French & Bell 1990)

Tuloksellisuuden keskeisenä resurssina nähtiin henkilöstö (Sädevirta 1996). Näin luotiin pohjaa henkilöstön hyvinvointia koskevalle johtamistavalle (Syväjärvi & Vakkala 2012).

Aiemmin listatuissa johtamismuodoissa niiden etuliitteet kertovat kulloinkin ajankohtaisista painotuksista. Kuitenkin niissä paljolti toistuvat samat johtamiseen liittyvät asiat. Johtamisoppeja onkin usein luonnehdittu pyörän keksimiseksi uudestaan. (Virtanen, Stenvall 2011.)

Strateginen johtaminen on keskeinen johtamismuoto silloin, kun ajatellaan henkilöstön vaikutusmahdollisuuksia. Strateginen johtaminen on prosessi, jossa strateginen suunnittelu yhdistetään henkilöstöjohtamiseen. (Tompkins 2002, Subramony 2006.) Kehittynein strategisen johtamisen ja henkilöstöjohtamisen integraation muoto on se, jossa henkilöstövoimavarojen johtamisesta vastaavat henkilöt sijoittuvat organisaation ylimpään strategiseen kärkeen ja osallistuvat tasavertaisina toiminnallisten strategioiden muotoiluun ja täytäntöönpanon valvontaan. (Butler-Ferris-Napier 1991.)

Strategista johtamista toteuttavat päättäjät, ylin johto ja esimiehet. Strategisella johtamisella organisaatio sitoutuu sekä lyhyen aikavälin strategioihin että pitkän aikavälin tavoitteisiin. Strategisen johtamisen ja henkilöstövoimavarojen johtamisen tasavertainen vuorovaikutus yhdistettynä laajaan henkilöstön osallistumiseen ja todellisiin vaikutusmahdollisuuksiin antaa pohjan päätöksille, joilla edistetään sekä organisaation toiminnan tuloksellisuutta että henkilöstön työelämän laatua. (Suonsivu 2018.)

Johtamisen painoalueet siis vaihtelevat ajan myötä. Suomessa on etsitty ja otettu käyttöön parhaina pidettyjä järjestelmiä, rakenteita, prosesseja, menetelmiä ja tekniikoita (Seek 2008, Suonsivu 2019). Alasoinin (2014) mukaan rationaalisen johtamisen rinnalle on noussut normatiivinen näkökulma organisaatiosta ihmisten muodostamana arvoyhteisönä, jossa korostetaan yhteisten arvojen, sosiaalisten ja kulttuurillisten piirteiden merkitystä hyviin työsuorituksiin motivoivana tekijänä. Viime vuosina johtaminen onkin kehittynyt valmentavan ja kannustavan johtamisen suuntaan. Vahvan kontrollin sijaan painotetaan vastuuta ja luottamusta.

Useissa työorganisaatioissa henkilöstö on merkittävin johdettava. Henkilöstöjohtamisen osalta Kaija Suonsivu

(2019) on todennut, että hyvä johtaminen alkaa itsensä johtamisesta. Kun se osataan, voidaan onnistuneesti johtaa myös muita ja saadaan henkilöstö ja sitoutumaan organisaation tavoitteisiin ja toimintaan. Seuraavassa osiossa on aiheena johtaminen julkisessa terveydenhuollossa.

Johtaminen julkisessa terveydenhuollossa

Suomen julkisen terveydenhuollon tehtävänä on tuottaa kansalaisille terveyspalveluja. Näitä tuotetaan perusterveydenhuollossa (terveyskeskukset) ja erikoissairaanhoidossa (sairaanhoitopiirit, yliopistolliset sairaalat, keskussairaalat). Johtaminen julkisen terveydenhuollon yksiköissä kytkeytyy vahvasti niiden hallintoon. Salmisen (1998) mukaan hallinto muodostuu toiminnoista, joka edellyttävät ihmisten yhteistoimintaa, organisoituneen toiminnan koordinoinnista, hyödykkeiden ja palvelujen organisointiin liittyvistä toimista (ihmisten ohjaaminen ja johtaminen) sekä palvelujen tuottamiseen ja allokoimiseen liittyvistä toimista ja kyvyksi saada asiat tehdyiksi. Hallinto on kaikilla organisaatiotasoilla ennen kaikkea jatkuvaa päätöksentekoa.

Ikola-Norrbackan (2010) mukaan terveydenhuollon johtamista on myös kritisoitu. Arvostelu on kohdistunut erityisesti hallinnon moniportaisuuteen ja jäykkyyteen, ongelmiin asiakaspalvelussa, ammattikuntien välisiin kiistoihin ja yhteistyöongelmiin erikoissairaanhoidon ja perusterveydenhuollon välillä. Terveydenhuollon yksiköt ovat asiantuntijaorganisaatioita, joiden johtaminen on tunnetusti vaikeaa. Julkisella sektorilla toimivat asiantuntijat ovat lisäksi osa laajempaa kokonaisuutta, jolloin asiantuntijuus ei ole pelkästään yksilöön liitettävä ominaisuus. (Simoila 1999, Grönroos & Perälä 2004.)

Terveydenhuollossa onkin nykyisin pyrkimys pois perinteisestä ja ryhdytty tavoittelemaan ja suuntaamaan kohti älykästä organisaatiota. Virtasen ja Stenvallin (2014) mukaan "älykäs julkinen organisaatio on dynaaminen, avoin ja systeeminen kokonaisuus, jonka peruslähtökohdat ovat asiakaslähtöinen toimintamalli, kumppanuus ja kokonaisvaltainen organisaatiokulttuuri ja jonka päätöksenteossa otetaan systemaattisesti ja ennakoiden huomioon toimintaympäristössä tapahtuneet muutokset". Seuraavassa tiivistetysti perinteisen ja älykkään julkisen organisaation eroja:

Perinteinen tapa ajatella julkisista organisaatioista	**Älykäs julkinen organisaatio**
Kömpelö	Älykäs
Taaksepäin katsova	Tulevaisuuteen suuntautuva
Johtamisen autoritäärisuus	Johtamisen refleksiivisyys
Muuntautumiskyvytön	Selviää paineista ja muutoksista
Staattinen johtamisfilosofia	Dynaaminen johtamisfilosofia
Rutiineihin takertuva	Luova
Uudistumiskyvyltään hidas	Uudistumiskyvyltään nopea
Suljettu	Avoin
Virheitä tunnistamaton	Virheet tunnistava, uutta oppiva
Kompromisseihin tyytyvä	Erilaiset argumentit hyväksyvä
Vähään tyytyvä	Erinomaisuuteen tähtäävä
Huonomaineinen	Edistyksellinen

Suvaitsematon säännöissä pysyttäytyvä	Avarakatseinen sääntöjen tulkitsija
Omaan napaansa tuijottava	Kumppani

Lähde: Virtanen & Stenvall 2014.

Julkisen johtamisen osaamisvaatimuksina Virtanen ja Stenvall (2011) näkevät seuraavat: käsitteellinen ajattelukyky, kokonaisuuksien hallinta, tavoitteellinen työskentelytapa, vuorovaikutustaidot, kyky mahdollistaa optimaaliset työskentelyolosuhteet, julkishallinnon arvopohjan huomioon ottaminen sekä kyky uudistaa ja uudistua.

Hallinto ja johtaminen julkisessa terveydenhuollossa ovat Suomessa demokraattisessa kontrollissa. Esimerkkinä sairaanhoitopiirin kuntayhtymä, jonka valtuuston ja hallituksen poliittiset voimasuhteet perustuvat kunnallisvaalien tulokseen. Kuntayhtymän valtuusto ja hallitus ovat luottamushenkilöhallintoa. Niiden toimikausi on neljä vuotta ja niillä on selkeä johtamistehtävä. Ylintä päätösvaltaa käyttää jäsenkuntien edustajista koostuva valtuusto.

Valtuusto vastaa sairaanhoitopiirin toiminnasta ja taloudesta, käyttää sairaanhoitopiirin päätösvaltaa ja siirtää toimivaltaansa hallintosäännön määräyksillä. Valtuuston keskeinen tehtävä on päättää sairaanhoitopiirin toiminnan tavoitteista ja resursseista, joilla tavoitteet saavutetaan. Keskeinen vuosittain hyväksyttävä asiakirja on toiminta- ja taloussuunnitelma sekä talousarvio seuraavalle kalenterivuodelle. Valtuusto myös valitsee sairaanhoitopiirin ylimmät johtajat (esim. sairaanhoitopiirin johtaja, johtajaylilääkäri, talousjohtaja, hallintoylihoitaja).

Hallitus johtaa sairaanhoitopiirin toimintaa, hallintoa ja taloutta. Hallitus vastaa sairaanhoitopiirin toiminnan yhteensovittamisesta ja omistajaohjauksesta sekä sairaanhoitopiirin henkilöstöpolitiikasta ja huolehtii sairaanhoitopiirin sisäisestä valvonnasta ja riskienhallinnan järjestämisestä. Hallitus vastaa valtuuston päätösten valmistelusta, täytäntöönpanosta ja laillisuuden valvonnasta.

Sairaanhoitopiirin virkamieshallinnon ylemmän tason muodostaa yhtymähallinto, joka vastaa sairaanhoitopiirin strategisesta johtamisesta ja päätöksenteosta yhdessä sairaanhoitopiirin valtuuston ja hallituksen kanssa. Sairaanhoitopiirin yhtymähallinto koostuu ylimmistä virkamiehistä, joita ovat sairaanhoitopiirin johtaja, sairaanhoitopiirin johtoryhmä ja johtajisto. Sairaanhoitopiirin johtaja johtaa hallituksen alaisena sairaanhoitopiirin hallintoa, taloudenhoitoa ja muuta toimintaa. Sairaanhoitopiirin johtaja vastaa asioiden valmistelusta. Nykyaikaisessa johtoryhmässä on aina mukana myös henkilöstön edustaja täysivaltaisena jäsenenä.

Toimialuetasolla ylimmän hallinnon muodostavat toimialuejohtaja ja toimialueen johtoryhmä, missä ovat mukana vastuualueiden johtajat sekä hoitotyön johtajat. Myös tässä johtoryhmässä on henkilöstön edustaja. Työyhteisöissä hallinnolliset tehtävät hoitaa vastuullinen esimies, kuten esimerkiksi vuodeosastolla osastonhoitaja. Hallinnolliset päätökset kattavat koko työelämän asiapiirin aina uuden henkilön rekrytoinnista työuransa päättävän työntekijän eläkkeelle siirtymiseen asti. (Suonsivu 2018.)

Hyvä johtaminen parantaa tutkitusti terveydenhuollon laatua (Care Quality Comission 2017). "Tehokas johtaminen ja avoin kulttuuri luovat olosuhteet, joissa henkilökunta kyseenalaistaa huonot toimintakäytännöt ja muuttaa käsityksiään ja toimintatapojaan". Tutkimuksen mukaan niissä yksiköissä, joiden toiminnassa oli havaittu puutteita, yhteys eri toimijoiden välillä oli usein katkennut. Se ilmeni esimerkiksi johdon ja kliinikoiden tai eri toimipisteiden välillä. Johdon painotukset ja henkilökunnan käytännön kokemus eivät kohdanneet. Selvä käsitys ja visio siitä, mihin suuntaan oltiin menossa, puuttui. Työntekijöiden roolit ja vastuut olivat epäselviä.

Tutkimuksessa nousi esiin myös kokemus henkilökunnan ja resurssien riittämättömyydestä, prosessien puutteellisuudesta ja siitä, että ongelma oli jätetty henkilökunnan harteille (Aejmelaus 2017). Tarvitaan siis toimintakulttuurin muutosta, jossa keskeinen tekijä on se, että yhteistoiminnan periaatteiden mukaisesti kuullaan kaikkia osapuolia.

Freenin ja Tiernan (2009) mukaan yhtenä työssä ja organisaatiossa pysymistä edistävänä tekijänä on tunnistettu mahdollisuudet vaikuttaa oman työn tekemiseen, aktiivinen osallistuminen ja osallistumismahdollisuudet organisaation päätöksentekoon. Boselien (2010) mukaan henkilöstö jää muutoksissa usein huomioimatta ja pahimmillaan osaamisen hyödyntämisen ja osallistumisen mahdollisuudet kapenevat. Koska johtamisella luodaan edellytykset toimintatapojen uudistamiselle ja henkilöstön osallistumiselle toiminnan kehittämiseen, on tärkeää ottaa huomioon henkilöstön osallisuuden mahdollisuudet sekä johtamisen rakenteet ja käytännöt terveydenhuollon muutoksissa. (Lammintakanen ym. 2016.)

Substanssiosaaminen ja hallinnollinen osaaminen

Terveydenhuollon työntekijöillä, kuten lääkäreillä, psykologeilla ja sairaanhoitajilla on pitkä vuosien mittainen koulutus takanaan työhön tullessaan. Koska sairauksia ja tauteja on valtava kirjo, terveydenhuollon henkilökunta on käytännössä pitkälti erikoistunut eri alueille. On erikoislääkäreitä, erikoissairaanhoitajia, jne.

Esimerkkeinä terveydenhuollon lukuisista alueista luettelonomaisesti seuraavat:

sisätaudit
kirurgia
sydäntaudit
syöpätaudit
keuhkosairaudet
ihotaudit ja allergiasairaudet
gastroenterologia
neurologia
geriatria
kuntoutus
psykosomaattiset sairaudet
korva-, nenä- ja suusairaudet
silmäsairaudet
naistentaudit
synnytykset
lastentaudit
lastenpsykiatria
nuorisopsykiatria
aikuispsykiatria
ensihoito

kivunhoito
tehohoito
työterveys.

Peruskoulutuksesta ja erikoistumisesta sekä työntekijöiden työkokemuksesta ja työpaikkakoulutuksesta on syntynyt erinomaista osaamista terveydenhuollon eri osa-alueille. Työntekijät hallitsevat tällöin erikoisalansa tautien ja hoidon sisällön eli substanssin. Substanssiosaaminen on siis ammatin ydinosaamista ja se tarkoittaa ammatissa tarvittavien tietojen ja taitojen hyvää hallintaa. Myös henkilökohtaiset kyvyt ja persoonalliset toimintatavat työssä liittyvät substanssiosaamiseen.

Sosiaali- ja terveysministeriön mukaan ”nykyisin erityisesti peruspalveluissa johtajilla on johdettavanaan useisiin eri ammattialoihin kuuluvia työntekijöitä. Tämä muuttaa johtamistyötä edellyttäen johtajalta yhä enemmän johtamisosaamista substanssiosaamisen sijaan sekä selkeämpää roolin muutosta asiantuntijasta johtajaksi ja substanssiasiantuntijuuden johtamisen ja tuen organisointia”.

Suomen terveydenhuollon johtajista osa on yleisjohtajia, joilla on esimerkiksi hallinnollinen koulutus, mutta ei lääkäri- tai hoitajakoulutusta. Tarvitaanko terveydenhuollossa lääkärijohtajia? Martti Kekomäki (2008) on vastannut tähän kysymykseen näin: "Terveydenhuoltoon tarvitaan lääkärijohtajia, ihmisiä, jotka osaavat sovittaa parhaalla tavalla yhteen vastuuväestönsä hoidolliset tarpeet ja pysyvästi rajalliset voimavarat. Hyvän eli johtamiseen motivoituneen ja kunnollisesti kouluttautuneen lääkärin on helpompi kuin kenenkään toisen yhdistää tieto hoitomahdollisuuksista hoidon oikeudenmukaiseen jakamiseen. On hyvä muistaa, että yli puolet terveydenhuollon kaikesta voimavarakulutuksesta liittyy joka tapauksessa lääkärin kliiniseen päätöksentekoon. Itse asiassa johtamistoimesta vetäytyminen olisi ammattikunnalta epäeettinen valinta".

Lääkärikoulutuksen omaavista johtajista varsin monella on lisäksi myös hallinnollinen koulutus, joko itse hankittu korkeakoulututkinto tai sitten työnantajan kustantamana työssä ollessa hankittu hallinnollinen johtajakoulutus. Keskijohdossa, kuten esimerkiksi sairaanhoitopiirin toimialuejohtajina toimineet ensimmäiset hoitotieteellisen koulutuksen omaavat, ei lääkärit, saivat osakseen arvostelua ja valintoja vastustettiin, vaikka heillä oli virkaan vaadittava pätevyys.

Esimiestyö sairaalassa on vuosien myötä muuttunut entistä enemmän hallinnolliseksi johtamistyöksi. Työyksikön esimiestyön sisällön painotukset voivat olla varsin erilaisia. Esimies voi olla "pelaajavalmentaja" osallistuen osittain käytännön työhön. Toisessa yksikössä saattaa esimiehen työajan täyttää totaalisesti erilaiset hallinnolliset tehtävät ja kehittämistehtävät. Substanssiosaaminen ja hallinnollinen osaaminen yhdessä näyttäisivät antavan parhaat edellytykset johtamiseen ja esimiestyöhön julkisen terveydenhuollon yksiköissä. Seuraavassa osiossa luodaan katsaus ajankohtaiseen paikalliseen sopimiseen.

Paikallinen sopiminen nykyajassa

Työ- ja elinkeinoministeriön (2020) mukaan paikallisina sopimuksina pidetään kaikkia yrityksessä, työpaikalla tai sen osassa tehtyjä sopimuksia tai jopa työntekijän antamia suostumuksia tiettyihin, lain sallimiin järjestelyihin. Tällaisia säännöksiä on mm. työaikalaissa. Paikallisen sopimuksen ulkopuolelle jätetään yleensä varsinainen, työsuhteen syntyperusteena oleva työnantajan ja työntekijän välillä tehty työsopimus, kun taas käsitteen piiriin luetaan työsuhteen kestäessä työsuhteen ehtoja täydentävät tai alkuperäisiä työsopimuksen ehtoja muuttavat määräaikaiset tai toistaiseksi voimassa olevat sopimukset. Tällaisten sopimusten osapuolina voivat olla työnantaja ja yksittäinen työntekijä tai jos sopimusjärjestelyt koskevat koko työpaikan tai yrityksen henkilöstöä taikka yksittäistä henkilöstöryhmää, työnantaja ja työntekijöiden edustaja taikka työpaikan henkilöstö tai henkilöstöryhmä yhdessä. Viimeksi mainitut sopimukset ovat eräänlaisia työpaikkakohtaisia kollektiivisia sopimuksia.

Paikalliset sopimukset eivät ole oikeusvaikutuksiltaan homogeeninen sopimustyyppi. Ne poikkeavat toisistaan sopimisen perustan, sopimiskohteen, sopijapuolten sekä sopimuksen solmimisessa noudatettavien menettelytapojen osalta. Paikalliset sopimukset voidaan tyypitellä esimerkiksi seuraavalla tavalla:

> Paikallinen sopimus, joka on tehty työlainsäädännön toisin sopimisen sallivan säännöksen perusteella. Sopimuksia voidaan tehdä sekä normaalisitovassa että yleissitovassa kentässä, ottaen kuitenkin huomioon mitä TEhtoL 6 §:ssä säädetään työehtosopimusmääräyksen etusijasta suhteesta työsopimusmääräykseen ja mitä TSL 2:7:ssä säädetään yleissitovan työehtosopimuksen määräysten vähimmäispakottavuudesta.
>
> Paikallinen sopimus, joka on tehty laissa olevan kelpuutuksen perusteella. Uuteen työaikalakiin sisältyy säännökset, joiden mukaan sovellettavan työehtosopimuksen estämättä työnantaja voi tehdä henkilöstön edustajan tai henkilöstön kanssa sopimuksen lakisääteisen työaikapankin tai liukuvan työajan järjestelmän käyttöön ottamisesta. Sopimisoikeus koskee sekä normaalisitovaa että yleissitovaa kenttää.

Paikallinen sopimus, joka perustuu työnantajaa työehtosopimuslain tai työsopimuslain yleissitovuussäännöksen perusteella sitovassa työehtosopimuksessa olevaan sopimiskelpuutukseen. Työehtosopimuksen paikalliseen sopimiseen kelpuuttava määräys voi puolestaan perustua joko työehtosopimuslain TEhtoL 1 §:ssä säädettyyn säännöstämiskompetenssiin taikka lain semidispositiiviseen säännökseen. Työehtosopimukseen perustuvaa paikallista sopimista on tarkasteltava erikseen ns. normaalisitovuuskentässä ja yleissitovuuskentässä, jossa oikeus paikalliseen sopimiseen on jäljempänä selvitettävin tavoin rajoitettua.

Muu työpaikkakohtainen sopimus, joka on tehty työpaikalla käydyn yhteistoimintamenettelyn yhteydessä tai solmittu yleisen sopimusvapauden perusteella. Paikallisesti voidaan sopia sellaisista asioista, joista ei ole laisinkaan säännöksiä laissa tai määräyksiä työehtosopimuksissa. Työpaikalla on voitu sopia esimerkiksi työntekijöiden käytössä olevien liikuntatilojen käytöstä taikka autopaikkojen jaosta. Tällaisia sopimuksia arvioidaan viime kädessä sopimusoikeudellisten säännösten ja periaatteiden mukaan.

> Lainsäännösten semidispositiivisuus eli puolipakottavuus tarkoittaa kelpuutusta poiketa muutoin pakottavista säännöksistä valtakunnallisten työnantaja- ja työntekijäyhdistysten (käytännössä liittojen) välisellä työehtosopimuksella työntekijän etuja heikentäen. Sopijaosapuolten on oltava valtakunnallisia, mutta työehtosopimuksen, jossa käytetään hyväksi toisinsopimismahdollisuutta, ei tarvitse olla valtakunnallinen.
>
> Mahdollisuus sopia toisin pakottavasta työlainsäädännöstä perustuu aina nimenomaiseen lain kelpuuttavaan säännökseen. Tällainen kelpuutus on esimerkiksi työsopimuslain 13 luvun 7 §:ssä. Säännöksessä on luetteloitu kaikki ne työsopimuslain säännökset, joista voidaan sopia toisin yllä mainitulla työehtosopimuksella. Vastaavanlaisia säännöksiä on myös muissa työlaeissa, kuten työaika- ja vuosilomalaissa. Eräät julkisen sektorin työnantajien ja Ahvenanmaan viranomaiset on työsopimuslaissa rinnastettu valtakunnallisiin sopijaosapuoliin. Näin ollen myös niillä on kelpoisuus olla sopijaosapuolena sellaisessa työehtosopimuksessa, jolla sovitaan työntekijän etujen heikentämisestä. (TEM 2020.)

Työnantaja ja henkilöstö voivat siis sopia paikallisesti työpaikoilla monista työsuhteen ehdoista. Se, mistä voidaan sopia, määritellään tarkemmin kunkin alan työehtosopimuksessa. Esimerkiksi joillain teollisuuden aloilla on sovittu työajan jaksottamisesta ja työvuorojen pituudesta vaikkapa niin, että 8 tunnin työvuorot (aamuvuoro, iltavuoro ja yövuoro) on korvattu kahdella 12 tunnin työvuorolla (päivävuoro ja yövuoro). Näin tehden työntekijät "urakoivat" muutaman vuorokauden aikana paljon työtunteja ja saavat vastaavasti pidempiä yhtäjaksoisia vapaita kuin mitä saisivat 3-vuorotyössä.

Työajan ja jaksotuksen lisäksi keskeisiä paikallisesti sovittavia asioita ovat palkat ja työtehtävät. Monilla aloilla palkat määräytyvät alan työehtosopimuksessa sovitulla tavalla, mutta osasta päätetään paikallisesti. On kuitenkin työpaikkoja, joissa palkat sovitaan kokonaan paikallisesti. Sopijoina ovat työntekijöiden edustajat (pääluottamusmiehet, luottamusmiehet) ja työnantajan edustajat.

Koronapandemian aikana etätyö on lisääntynyt todella paljon. Etätyöstä sopiminen onkin nyt eräs keskeinen paikallisesti sovittava asia. Työntekijöiden kannalta kautta vuosien merkittäviä ja tärkeitä paikallisesti sovittavia ovat olleet työsuojelun yhteistoiminnan järjestäminen sekä työkyky- ja työhyvinvointiasiat.

Julkisen terveydenhuollon työorganisaatioissa, kuten esimerkiksi sairaanhoitopiireissä, palkat sovitaan työnantajajärjestön (Kunnallinen työmarkkinalaitos) ja ammatillisten pääsopijajärjestöjen (Julkisen alan unioni JAU, Julkisalan koulutettujen neuvottelujärjestö JUKO, Sosiaali- ja terveysalan neuvottelujärjestö Sote ry) kesken solmituilla virka- ja työehtosopimuksilla. Edellä mainitut pääsopijajärjestöt edustavat kunta-alalla toimivia ammattiliittoja seuraavasti:

> Julkisen alan unioni JAU on kahden ammattiliiton, Julkisten ja hyvinvointialojen liitto JHL:n ja Julkis- ja yksityisalojen toimihenkilöliitto Jytyn muodostama neuvottelujärjestö.
>
> Julkisalan koulutettujen neuvottelujärjestö JUKO edustaa kunta-alalla noin 30 eri ammattiliittoon kuuluvaa henkilöstöä. Suurimpia liittoja ovat Opetusalan Ammattijärjestö OAJ, Akavan Erityisalat, Suomen Lääkäriliitto, Suomen Eläinlääkäriliitto, Suomen Hammaslääkäriliitto,

Sosiaalialan korkeakoulutettujen ammattijärjestö Talentia ja Suomen Farmasialiitto.

Sosiaali- ja terveysalan neuvottelujärjestö Sote ry:n muodostavat kolme liittoa: Suomen lähi- ja perushoitajaliitto SuPer, Tehy ry ja Suomen Palomiesliitto SPAL.

Kunnallinen työmarkkinalaitos (KT) on työmarkkinakeskusjärjestö, joka neuvottelee ja sopii kunnallista henkilöstöä koskevat valtakunnalliset virka- ja työehtosopimukset. KT hoitaa myös kuntatyönantajien kansainvälistä edunvalvontaa EU:ssa.

Useimmiten osa palkankorotuksista jätetään paikallisesti jaettavaksi. Tällöin puhutaan paikallisesta järjestelyvaraerästä, jonka avulla voidaan korjata paikallisia palkkausepäkohtia.

Terveydenhuollossa työajan ja työtuntien määristä tarkastelujaksolla sovitaan virka- ja työehtosopimuksilla, mutta työvuorojen jaksottamisesta sovitaan paikallisesti. Esimerkiksi peräkkäisten yövuorojen määrä ja vapaapäivien jaksotus on paikallisesti sovittavissa. Voidaan sopia myös työaikapankista ja vaikkapa vuosityöaikaan siirtymisestä sekä vuosilomien tai niiden osien laittamisesta "säästöön" myöhemmin pidettäviksi. Edelleen epämukavan työajan rahakorvauksia tai lomarahoja voidaan sopia vaihdettavaksi vapaa-ajaksi. Työuran pidentäminen jatkamalla työntekoa yli saavutetun eroamisiän on myös mahdollista paikallisesti sopimalla. Nämä siis esimerkkeinä.

Henkilöstön kannalta paikallinen sopiminen ei aina ole ongelmatonta. Otan esimerkiksi peräkkäisten yövuorojen määrä 3-viikkoisjaksossa. Eräässä sairaalassa yövuoroja oli peräkkäin seitsemän. Joillekin tämä jaksotus sopi hyvin, koska ei ollut vaikeuksia nukkua päivällä. Toisille tämä oli erittäin raskasta, koska nukkuminen päivällä oli vaikeata ja unen määrä jäi liian vähäiseksi. Tästä seurasi se, että työntekijälle viikon yövuorojakso oli todella raskas ja stressaava. Toinen ääripää on se, että kerrallaan on vain yksi yövuoro. Tämä on monelle työntekijälle helpompi vaihtoehto. Yövuoron jaksotus vaikuttaa myös vahvasti työntekijän perhe-elämään ja sosiaaliseen kanssakäymiseen varsinkin, jos vuoroja on paljon peräkkäin. Työntekijöissä on myös henkilöitä, jotka haluavat tehdä vain yövuoroja, koska ne sopivat heille eivätkä aiheuta erityisiä ongelmia.

Terveydenhuollossa paikallisista sopimuksista neuvottelevat ja sopivat työnantajan edustajat (esim. henkilöstöjohtaja, henkilöstöpäällikkö, palvelussuhde-päällikkö, tai muu vastaava) ja ammatillisten pääsopija-järjestöjen edustajat (esimerkiksi pääluottamusmies, luottamusmies, ammattiosaston puheenjohtaja tai muu ammattijärjestön nimeämä neuvottelija). Kuntayhtymän hallitus ja ammattijärjestöjen päättävät elimet hyväksyvät neuvottelutuloksen.

Paikallisia sopimuksia solmittaessa on hyvää se, että työntekijöiden toiveet kuullaan ja pyritään ottamaan ne ratkaisuissa huomioon. Neuvotteluissa haetaan osapuolten yhteistä etua. Kun se saavutetaan, molemmat osapuolet ovat tyytyväisiä. Tämä vaikuttaa osaltaan työilmapiiriin, motivaatioon ja työtyytyväisyyteen. Paikallisilla sopimuksilla saadaan otettua huomioon paikalliset työhön vaikuttavat olosuhteet ja osaaminen, mitkä osaltaan auttavat kehittämään työtä ja työpaikkaa sekä tuottavuutta.

Paikallisia sopimuksia solmittaessa on tärkeätä se, että neuvotteluosapuolet ovat tasavertaisessa asemassa ja todella etsitään yhteistä hyvää yhteistoiminnan periaatteiden mukaisesti. Tämä edellyttää osapuolten välistä korkeaa luottamusta ja avointa vuoropuhelua sekä hyvää tiedottamista. Keskusjärjestöt (SAK, Akava ja STTK) suhtautuvat myönteisesti paikallisen sopimisen edistämiseen hallitusohjelman mukaisesti eli työ- ja virkaehtosopimusten kautta. Sen sijaan järjestöt eivät hyväksy työehtojen yksipuolisia heikentämispyrkimyksiä. Asiassa nähdään myös luottamuspulaa, tiedonkulun ongelmia ja vaikutusmahdollisuuksien puutetta.

Ammattijärjestöille on tärkeätä turvata työntekijöiden vähimmäissuojelun periaate, Suomea sitovien kansainvälisten sopimusten mukainen järjestäytymisvapaus, sopimusautonomia ja luottamusmiesjärjestelmä. Valmistelussa oleva yt-lain uudistus antaisi hyvät lähtökohdat paikallisen sopimisen edistymiseen käytännössä, jos lakiuudistus toteutetaan hallitusohjelman mukaisesti. Tällöin työntekijän tiedonsaantia ja vaikutusmahdollisuuksia lisättäisiin ja työntekijöiden asemaa parannettaisiin muutosneuvotteluiden ja muunkin yhteistoiminnan osalta. (SAK, Akava, STTK 2020.)

Paikallisia sopimuksia koskevissa keskusteluissa on kuulunut myös kritiikkiä ammattijärjestöjä kohtaan. Jotkut näkevät, että ammattijärjestöillä on liian paljon sananvaltaa pyrittäessä sopimaan paikallisen sopimusten ehdoista ja että työntekijät eivät pääse niistä yksilöinä vapaasti sopimaan. Myös yksipuolisiin työehtojen heikennyksiin eivät kaikki usko. "Paikallinen sopiminen ei ole johtanut palkka-aleen vaan päinvastoin korkeampiin palkan-korotuksiin, kertovat tutkimukset. Optimistinen tulkinta tästä on, että paikallinen sopiminen edistää tuottavuuden kasvua ja tuottaa siten taloudellista hyötyä sekä työntekijöille että työnantajalle, mutta yleispäteviä johtopäätöksiä on vaikea tehdä". (Wessman 2021.)

Kuntatyönantaja (Kunnallinen työmarkkinalaitos) näkee paikallisella sopimisella hyviä mahdollisuuksia. Kuntien ja kuntayhtymien taloudellinen asema, palvelut ja niiden järjestäminen vaihtelevat huomattavasti. Näin ollen valtakunnallisilla virka- ja työehtosopimuksilla ei voida kaikkia eroja ottaa huomioon. Kunta-alalla onkin kaikista maamme sopimusaloista laajimmat mahdollisuudet paikalliseen sopimiseen. Paikallinen sopiminen voi parantaa tuloksellisuutta, palveluiden saatavuutta ja turvata työpaikkoja. (Kuntatyönantaja 2019.)

Parhaimmillaan paikallinen sopiminen edistää joustavaa työ- ja vapaa-ajan yhteensovittamista ja työhyvinvointia, esimerkiksi työssä jaksamisen tukemista. Onnistuminen paikallisessa sopimisessa vahvistaa osapuolten välistä luottamusta. Kunnallinen työmarkkinalaitos ja kunta-alan pääsopijajärjestöt ovat myös yhtä mieltä siitä, että paikallisen sopimisen tulee hyödyttää molempia sopimusosapuolia. (Kunnallinen työmarkkinalaitos 2016.)

Yhteistoimintalait

Yhteistoimintaa koskevat lait Suomessa ovat syntyneet eri aikoina. Ensimmäinen oli henkilöstön ja työnantajan yhteistoiminnasta yrityksissä vuonna 1978. (Laki yhteistoiminnasta yrityksissä 22.9.1978/725). Lakia on vuosien mittaan täydennetty useita kertoja, kuten 30.3.2007/334.

Yhteistoimintalain tarkoitus ilmaistaan lain1 §:ssä näin: "Tällä lailla edistetään yrityksen ja sen henkilöstön välisiä vuorovaikutuksellisia yhteistoimintamenettelyjä, jotka perustuvat henkilöstölle oikea-aikaisesti annettuihin riittäviin tietoihin yrityksen tilasta ja sen suunnitelmista. Tavoitteena on yhteisymmärryksessä kehittää yrityksen toimintaa ja työntekijöiden mahdollisuuksia vaikuttaa yrityksessä tehtäviin päätöksiin, jotka koskevat heidän työtään, työolojaan ja asemaansa yrityksessä. Tarkoituksena on myös tiivistää työnantajan, henkilöstön ja työvoimaviranomaisten yhteistoimintaa työntekijöiden aseman parantamiseksi ja heidän työllistymisensä tukemiseksi yrityksen toimintamuutosten yhteydessä".

Lain soveltamisesta kerrotaan 2 pykälässä: "Tätä lakia sovelletaan jäljempänä säädettävin poikkeuksin yrityksessä, jonka työsuhteessa olevien työntekijöiden määrä säännöllisesti on vähintään 20. Mitä 15 §:ssä, 17 §:n 3 ja 4 momentissa, 18 ja 19 §:ssä ja 27 §:n 1 momentin 2–4 kohdassa säädetään, sovelletaan vain yrityksessä, jonka työsuhteessa olevien työntekijöiden määrä säännöllisesti on vähintään 30. Yrityksessä, jossa on säännöllisesti vähemmän kuin 20 työntekijää, noudatetaan työsopimuslain (55/2001) 9 luvun 2 ja 3 §:n säännöksiä".

Yhteistoimintalain mukaisen yhteistoiminnan osapuolia ovat työnantaja ja yrityksen henkilöstö. Yhteistoimintaa toteutetaan välittömänä työntekijöiden ja toimihenkilöiden ja heidän esimiestensä kesken sekä edustuksellisena työnantajan ja henkilöstön edustajien kesken. Henkilöstön edustajina toimivia ovat esimerkiksi luottamusmies ja luottamusvaltuutettu sekä henkilöstön valitsema yhteistoimintaedustaja. Jos yhteistoimintaneuvotteluissa käsiteltävä asia koskee myös työntekijöiden turvallisuutta ja terveyttä, eikä asiaa ole käsitelty tai käsitellä työsuojelun valvonnasta ja työpaikan työsuojeluyhteistoiminnasta annetun lain mukaisesti, henkilöstöryhmää edustaa myös työsuojeluvaltuutettu.

Yhteistoimintalakia ollaan uudistamassa. Katariina Murto ja Rauno Vanhanen tekivät uudistamista koskevan selvityksen, josta kaksi vuotta sitten todettiin: ”Uudistuksella pyritään vuorovaikutuksen ja tiedonkulun parantamiseen, myönteisen neuvottelukulttuurin syntymiseen ja toiminnan kehittämiseen. Yhteistoimintalaista tehtäisiin nimenomaan kehittämislaki, minkä avulla kehitettäisiin sekä toimintaa että henkilöstöä. Nykyiset työvoiman vähentämistä koskevat pykälät siirrettäisiin kokonaan työsopimuslakiin. Kehittämislaissa korostettaisiin työntekijöiden tiedon saannin parantamista ja jatkuvaa vuoropuhelua. Toiminnassa korostuisivat luottamus, sitoutuminen ja kehittäminen”. (Suonsivu 2019.)

Työ-ja elinkeinoministeriön (TEM) asettaman kolmikantaisen työryhmän mietintö valmistui vuoden 2020 marraskuussa. Siinä ehdotetaan säädettäväksi uusi yt-laki, joka korvaisi voimassa olevan yt-lain sekä osaksi henkilöstön edustuksesta yrityksen hallinnossa annetun lain, jolloin säännökset henkilöstöedustuksesta siirrettäisiin yt-lakiin. Laki tulisi voimaan vuoden 2022 alusta.

Mitä uusi laki toisi tullessaan? Merja Hyvärinen kirjoitti siitä (Motiivi-lehti 1/2021, 34) seuraavaa:

”Henkilöstön edustus. Henkilöstöllä olisi edustus siinä yhteisön toimielimessä, jossa tosiasiallisesti käsitellään tärkeitä liiketoimintaa, taloutta ja henkilöstön asemaa koskevia kysymyksiä. Tämän uskotaan edistävän tiedonkulkua, henkilöstön vaikutusmahdollisuuksia ja tiedonsaantia. Samalla henkilöstön asiantuntemus tulisi hyödynnettäväksi yritystä koskevaan päätöksentekoon. Henkilöstön edustajilla olisi oikeus saada koulutusta tehtävää varten.”

”Jatkuva vuoropuhelu. Työnantajan ja henkilöstön edustajan olisi käytävä säännöllistä vuoropuhelua vähintään neljännesvuosittain. Vuoropuheluvelvollisuus koskisi muun muassa yhteisön kehitysnäkymiä, taloutta, sääntöjä, käytäntöjä ja työvoiman käyttöä sekä henkilöstön rakennetta, osaamisen kehittämistä sekä työhyvinvointia. Osana vuoropuhelua työnantaja laatisi yhteistyössä henkilöstön edustajan kanssa työyhteisön pitkäjänteisen kehittämissuunnitelman."

"Neuvottelut muutoksissa. Työnantajan työnjohtovallan piiriin kuuluvista olennaisista henkilöstövaikutuksista sekä työvoiman vähentämisestä olisi käytävä muutosneuvottelut. Neuvottelumenettelyt vastaisivat pääpiirteissään nykyistä voimassa olevaa lakia. Lisäksi ehdotetaan vahvistettavaksi henkilöstöedustajan oikeutta tehdä neuvotteluissa ehdotuksia ja täsmennettäisiin neuvottelujen käynnistämisen ajankohtaa."

"Ketä laki koskee? Yhteistoimintalakia sovellettaisiin yrityksiin ja yhteisöihin, joiden palveluksessa työskentelee vähintään 20 työntekijää. Henkilöstön hallintoedustus koskisi vain sellaisia yrityksiä, joiden Suomessa työskentelevien työntekijöiden määrä on vähintään 150. Laki ei koskisi julkisyhteisöjä, kuten kuntia, kuntayhtymiä, valtion virastoja ja laitoksia. Myöskään kirkon ala ei olisi lain piirissä".

Yhteistoimintaa valtion työorganisaatioissa säätelee laki yhteistoiminnasta valtion virastoissa ja laitoksissa (1.7.1988/651). Myös tätä lakia on vuosien mittaan täydennetty.

Ennen kuin käsittelen kolmatta yhteistoimintalakia, mikä käsittelee yhteistoimintaa kunnissa ja kuntayhtymissä, luon katsauksen työnantajan ja henkilöstön yhteistoiminnan kehitykseen ja vaiheisiin kunta-alalla.

Työtä ja työolosuhteita koskevaa keskustelua työnantajan ja henkilöstön välillä on käyty siitä asti, kun asetelma työnantaja ja työntekijä on ollut olemassa. Työantaja on pyrkinyt mahdollisimman suureen työn tuottavuuteen ja työntekijät riittävän toimeentulon antavaan palkkaukseen ja hyviin työolosuhteisiin. Työntekijöiden järjestäytyminen toi keskustelu- ja sopimuskuppaniksi työnantajan kanssa ammattijärjestöt. Työpaikkatasolla välitön keskustelu esimiesten ja työntekijöiden kesken omaa työtä ja työyhteisöä koskevista asioista on aina ollut keskeistä yhteistoimintaa. (Suonsivu 2018.)

1960-luvulla Suomessa käydyssä keskustelussa havaittiin, että työpaikkojen henkilöstöä koskeva päätöksenteko oli siirtynyt työorganisaatioissa liian kauaksi henkilöstöstä. Tämän totesi muun muassa silloinen pääministeri Rafael Paasio kuuluisassa telakkapuheessaan vuonna 1966. Tämän jälkeen vaatimukset henkilöstön vaikutusmahdollisuuksien parantamisesta lisääntyivät. Kuitenkin vasta 1970 -luvulla päästiin sanoista tekoihin ja kehiteltiin henkilöstön vaikutusmahdollisuuksia lisääviä järjestelmiä.

Kunta-alalla työnantajan ja henkilöstön välinen yhteistoimintamenettely käynnistyi 1970 -luvun lopulla, jolloin työmarkkinoiden sopijaosapuolet, Kunnallinen sopimusvaltuuskunta ja ammatilliset pääsopijajärjestöt, antoivat työpaikkademokratiaa koskevan suositus-sopimuksen 29.4.1977. Suositussopimuksen alle-kirjoittajina olivat: Suomen Kaupunkiliitto, Suomen kunnallisliitto, Finlands svenska kommunförbund, Sairaalaliitto, kunnallisen sopimusvaltuuskunnan toimiston johtokunta sekä viranhaltijoita ja työntekijöitä edustavien yhdistysten keskusjärjestöt Akava ry, Julkisten työalojen ammattiliitto

JTA ry, Kunnallisten työntekijäin ja viranhaltijain liitto KTV ry ja TVK:n Virkamiesjärjestöt TVK-V ry.

Työpaikkademokratian toteuttamiseksi kunnissa ja kuntainliitoissa laadittiin vuonna 1978 työpaikkademokratiatoimintasääntöjä ja toiminta organisoitiin niiden mukaisesti vuoden 1979 alusta lähtien. Edustuksellista työpaikkademokratiatoimintaa hoitivat yhteistyökomiteat ja niiden jaostot, kuten koulutus- ja tiedotusjaostot. Näiden kokoonpanoksi suositeltiin 1/3 työnantajan edustajia ja 2/3 henkilöstön edustajia. Henkilöstön edustus näissä työpaikkademokratiaelimissä oli alusta alkaen vahva ja mahdollisti laajan edustuksen. Työyksikkötasolle suositeltiin erilaisia välittömän työpaikkademokratian muotoja ja työpaikoilla käynnistettiin työpaikkakokoukset. Lisäksi muodostettiin pelkästään henkilöstöä edustavia henkilökuntaneuvostoja. (Suonsivu 2018.)

Keskustelu henkilöstön vaikutusmahdollisuuksien lisäämisestä jatkui ja sen tuloksena työpaikkademokratiatoiminta muuttui 1990-luvulla suositussopimuspohjalta virka- ja työehtosopimuksen luonteiseksi yhteistoimintamenettelyksi. Kunta-alalla yhteistoimintaa sääteli työmarkkinaosapuolten neuvottelema valtakunnallinen yhteistoimintamenettelyä koskeva yleissopimus vuodelta 1993, minkä mukaan yhteistoimintamenettely edellytti henkilöstön mukaanottoa yhteistoimintasopimuksen asiapiiriin kuuluvien asioiden valmisteluun organisaation eri tasoilla (Kunnallinen työmarkkinalaitos 1993). Yleissopimus mahdollisti laajan asiapiirin yhteistoimintaelimissä ja loi pohjan hyville käytännöille. Lakisääteiseksi yhteistoimintamenettely kunta-alalla muuttui vuonna 2007.

Kolmas yhteistoimintalaki, Laki työnantajan ja henkilöstön välisestä yhteistoiminnasta kunnissa (449/2007), tuli voimaan 1.9.2007. Myös tätä lakia on täydennetty vuosien aikana. Kunnallisen yhteistoimintalain tarkoituksena on edistää työnantajan ja henkilöstön välistä yhteistoimintaa kunnissa ja kuntayhtymissä. Tavoitteena on antaa henkilöstölle mahdollisuus yhteisymmärryksessä työnantajan kanssa osallistua toiminnan kehittämiseen ja antaa henkilöstölle mahdollisuus vaikuttaa omaa työtään ja työyhteisöään koskevien päätösten valmisteluun sekä samalla edistää kunnallisen palvelutuotannon tuloksellisuutta ja henkilöstön työelämän laatua. Lain perusteluissa korostetaan avointa vuorovaikutusta, osapuolten välistä luottamusta sekä esimiesten ja alaisten välisessä vuorovaikutuksessa päivittäin tapahtuvaa yhteistyötä. (Ohjeet työnantajan ja henkilöstön välisestä yhteistoiminnasta kunnissa, KT:n yleiskirje 7/2007.)

Yhteistoiminnan osapuolia ovat kunta tai kuntayhtymä työnantajana ja sen palveluksessa oleva henkilöstö. Henkilöstön edustajia ovat luottamusmies, työsuojeluvaltuutettu tai muu henkilöstön edustaja. Mikäli jossakin henkilöstöryhmässä enemmistö on ammattiliittoihin kuulumattomia, heillä on oikeus valita yhteistoimintaedustaja. Henkilöstöryhmä -käsite eroaa yhteistoiminnassa yrityksissä laissa tarkoitetusta henkilöstöryhmä -käsitteestä (työntekijät, toimihenkilöstö, ylemmät toimihenkilöt). Kunnallishallinnossa henkilöstöryhmällä tarkoitetaan tehtävien sisällön ja ammattialan mukaista jakoa, kuten esimerkiksi toimistoalan, teknisen alan, hoitoalan, opetusalan tai ruokahuollon henkilöstö.

Yhteistoiminnan asiapiiri on laissa suppeampi kuin lakia edeltäneessä yhteistoimintaa koskevassa yleissopimuksessa. Yhteistoimintamenettelyssä voidaan kuitenkin käsitellä muitakin asioita, jos sitä pidetään paikallisesti tarpeellisena. Yhteistoimintamenettelyssä on käsiteltävä ainakin sellaiset asiat, jotka koskevat:

> Henkilöstön asemaan merkittävästi vaikuttavia muutoksia työn organisoinnissa, kunnan palvelurakenteessa, kuntajaossa tai kuntien välisessä yhteistyössä.
>
> Palvelujen uudelleenjärjestämisen periaatteita, jos asialla voi olla olennaisia henkilöstövaikutuksia, kuten ulkopuolisen työvoiman käyttöä tai liikkeen luovutusta.
>
> Henkilöstöön, henkilöstön kehittämiseen ja tasaarvoiseen kohteluun sekä työyhteisön sisäiseen tietojen vaihtoon liittyviä periaatteita ja suunnitelmia.
>
> Taloudellisista tai tuotannollisista syistä toimeenpantavaa osa-aikaistamista, lomauttamista tai irtisanomista.

Henkilöstön asemaan vaikuttavia merkittäviä muutoksia voivat olla esimerkiksi työtehtävien, töiden tai työtilojen uudelleenjärjestelyt, kunnan tai sen osan liittäminen toiseen kuntaan ja muutokset kuntien välisessä yhteistyössä. Yhteistoimintamenettelyssä ei tarvitse käsitellä vähäisiä muutoksia työtehtävien sisällöissä, mutta sen sijaan tuntuvat ja pysyvät muutokset pitää käsitellä. Olennaisia henkilöstövaikutuksia arvioitaessa on merkitystä sillä, koskeeko muutos vain yksittäistä työntekijää vai laajempaa henkilöstömäärää tai -ryhmää.

Palvelujen uudelleenjärjestelyjen periaatteita ovat esimerkiksi julkisten palvelujen kilpailuttamisen periaatteet. Myös toiminnan yhtiöittämisen periaatteet kuuluvat yhteistoimintamenettelyn asiapiiriin.

Henkilöstöön, henkilöstön kehittämiseen tai sisäiseen tietojen vaihtoon liittyviä periaatteita ja suunnitelmia ovat muun muassa henkilöstöstrategiat sekä periaatteet henkilöstöasioissa ja -hallinnossa, työhönotossa, perehdyttämisessä, sisäisessä tiedotuksessa, aloitetoiminnassa ja virkistys- ja työhyvinvointitoiminnassa. Henkilöstön kehittämisen periaatteita ja suunnitelmia ovat esimerkiksi henkilöstösuunnitelmat (henkilöstörakenne ja henkilöstömäärä) ja koulutussuunnitelmat (koulutustarpeet, henkilöstön osaaminen, täydennyskoulutus). Henkilöstösuunnitelmasta tai muusta suunnitelmasta tulee ilmetä periaatteet erilaisten palvelussuhdemuotojen käytöstä (toistaiseksi voimassa olevat, määräaikaiset ja osa-aikaiset).

Henkilöstön tasa-arvoiseen kohteluun liittyviä periaatteita ovat esimerkiksi tasa-arvo-ohjelmat ja -suunnitelmat. Jos kunnan talousarvioehdotus edellyttää sellaisia toimenpiteitä, joiden toteuttaminen todennäköisesti aiheuttaisi useita irtisanomiansa, osa-aikaistamisia tai lomautuksia tai merkittäviä heikennyksiä palvelussuhteiden ehtoihin, nämä asiat ja toimenpiteet on käsiteltävä yhteistoimintamenettelyssä ennen kuin hallitus tekee valtuustolle lopullisen talousarvioehdotuksen. Varsinaista talousarvioehdotusta ei tarvitse enää käsitellä yhteistoimintamenettelyssä. Tässä kohdassa laki poikkeaa yleissopimuksesta.

Työsuojelun säädökset

Työsuojelun yhteistoimintaa säätelee laki työsuojelun yhteistoiminnasta (44/2006) sekä kunnallisen alan työsuojelun yhteistoimintasopimus (2008). Työsuojelun yhteistoiminnan tarkoitus on sopimuksessa määritelty seuraavasti:

> Työsuojelu on osa henkilöstövoimavarojen strategista johtamista. Sen tarkoituksena on kehittää työn ja työympäristön terveellisyyttä ja turvallisuutta, kestävää tuloksellisuutta tuottavaa työelämää ja henkilöstön kokemaa työhyvinvointia suunnitelmallisten henkilöstöstrategisten, terveyspainotteisten johtamis- ja toimintatapojen avulla.
>
> Työsuojelun yhteistoiminta on työnantajan ja henkilöstön vuorovaikutteista yhteistoimintaa, jonka tarkoituksena on mahdollistaa työntekijöiden osallistuminen ja vaikuttaminen työpaikan

terveellisyyttä ja turvallisuutta koskevien asioiden käsittelyyn.

Työsuojelun yhteistoiminnassa käsiteltävät asiat on määritelty työsuojelun valvontalaissa ja kunnallisen alan työsuojelun yhteistoimintasopimuksessa. Asiat ovat seuraavat:

Työntekijän turvallisuuteen ja terveyteen välittömästi vaikuttavat asiat ja niitä koskevat muutokset.

Periaatteet ja tapa, joiden mukaan työpaikan vaarat ja haitat selvitetään sekä edellä tarkoitetussa selvityksessä ja työterveyshuollon tekemässä työpaikkaselvityksessä esille tulleet työntekijöiden turvallisuuteen ja terveyteen yleisesti vaikuttavat seikat.

Työkykyä ylläpitävään toimintaan liittyvät ja muut työntekijöiden turvallisuuteen ja terveyteen vaikuttavat kehittämistavoitteet ja -ohjelmat.

Työntekijöiden turvallisuuteen, terveyteen ja työkykyyn vaikuttavat työn järjestelyyn ja mitoitukseen sekä niiden olennaisiin muutoksiin liittyvät asiat.

Työsuojeluviranomaisen valvontaan kuuluvassa laissa tarkoitetun työtekijöille annettavan opetuksen, ohjauksen ja perehdyttämisen tarve ja järjestelyt.

Työhön, työympäristöön ja työyhteisön tilaan liittyvät, työn turvallisuutta ja terveellisyyttä kuvaavat tilasto- ja muut seurantatiedot.

Edellä 1–6 kohdassa tarkoitettujen asioiden toteutumisen ja vaikutusten seuranta.

Toteutetun työn vaarojen selvittämisen ja arvioinnin perusteella tai muutoin paikallisesti tarpeellisiksi havaittuina voivat työsuojelun yhteistoiminnassa käsiteltäviä asioita olla myös esimerkiksi työhyvinvoinnin edistäminen, henkilöstön ikääntymisen vaikutukset, työsuojelua koskevan tiedotuksen ja ensiavun järjestäminen, päihdeongelmien ennaltaehkäisyä ja päihteiden väärinkäyttöä koskevat menettelytavat ja hoitoonohjauksen mallit sekä varhaisen puuttumisen ja kuntoutukseen ohjaamisen menettelyt.

Yhteistoimintasäädösten velvoittavuus johtamisessa

Käsittelen tässä kirjassa johtamista terveydenhuollossa ja siinä erityisesti julkisessa terveydenhuollossa. Mitä velvoitteita johtajilla yhteistoimintalain mukaan on? On hyvä ensiksi kerrata, mikä on yhteistoiminnan tarkoitus ja tavoite? Määritelmä löytyy heti kunta-alan yhteistoimintalain ensimmäisestä pykälästä ja kuuluu näin: " Tämän lain tarkoituksena on edistää työnantajan ja henkilöstön välistä yhteistoimintaa kunnissa. Yhteistoiminnan tavoitteena on antaa henkilöstölle mahdollisuus yhteisymmärryksessä työnantajan kanssa osallistua kunnan toiminnan kehittämiseen ja antaa henkilöstölle mahdollisuus vaikuttaa omaa työtään ja työyhteisöään koskevien päätösten valmisteluun sekä samalla edistää kunnallisen palvelutuotannon tuloksellisuutta ja henkilöstön työelämän laatua."

Keskeinen velvoite johtamisessa kohdistuu itse yhteistoimintamenettelyyn. Se tarkoittaa, että ennen kuin yhteistoimintamenettelyn asiapiiriin kuuluva asia ratkaistaan, on valmisteilla olevan toimenpiteen perusteista, vaikutuksista ja vaihtoehdoista neuvoteltava yhteistoiminnan hengessä, jotta saavutettaisiin yksimielisyys, ainakin niiden työntekijöiden kanssa, joita asia koskee. Lain mukaan tavoitellaan yksimielisyyttä, mutta tästä huolimatta neuvottelut voivat myös päättyä erimielisyyteen. Kun asia on käsitelty yhteistoimintamenettelyssä asianomainen kunnan tai kuntayhtymän viranomainen tekee päätöksen.

Lain mukaan yksittäistä työntekijää koskeva asia käsitellään ensisijaisesti asianomaisen henkilön ja työnantajan välillä. Työntekijän pyynnöstä myös henkilöstön edustaja voi osallistua asian käsittelyyn. Jos asia koskee vain osaa henkilöstöstä, voidaan asia käsitellä asianomaisten henkilöiden kanssa tai henkilöstön osan edustajien kanssa. Laajakantoiset asiat tai henkilöstöä yleisesti koskevat asiat käsitellään yhteistoimintaelimessä.

Nämä käsittelytavat ovat vaihtoehtoiset. Jos asia on käsitelty työyksikössä, sitä ei tarvitse enää käsitellä sen lisäksi yhteistoimintaelimessä. Asian valmistelu voidaan tehdä ilman yhteistoimintamenettelyä. Kuitenkin on varsin usein tarkoituksenmukaista ja hyödyllistä, että henkilöstön edustaja tai edustajat otetaan mukaan valmistelutyöhön mahdollisimman aikaisessa vaiheessa.

Käytännössä tämä tarkoittaa henkilöstön edustajan nimeämistä valmistelu- tai hanketyöryhmään. Mikäli hanke on laaja tai sillä on erityisiä henkilöstövaikutuksia tai sillä linjataan esimerkiksi tulevaisuudessa noudatettavaa henkilöstöpolitiikkaa, on viisasta ottaa mukaan henkilöstön edustaja esimerkiksi jokaisesta ammatillisesta pääsopijajärjestöstä. (Suonsivu 2019.)

Työsuojelun osalta yhteistoiminnan tarkoitus ja tavoitteet löytyvät kunnallisen alan työsuojelun yhteistoimintasopimuksesta. Siinä korostetaan henkilöstövoimavarojen johtamista, terveellisyyttä ja turvallisuutta sekä työhyvinvointia. Keskeisenä nähdään vuorovaikutteinen yhteistoiminta ja henkilöstön mahdollisuudet osallistua ja vaikuttaa työsuojelullisten asioiden käsittelyyn riittävän ajoissa.

Työsuojelun yhteistoimintasopimuksessa on painotettu asioiden varhaista käsittelyä näin: ”Asioita on käsiteltävä niiden valmistelu- ja toteuttamisaikataulu huomioon ottaen yhteistoiminnan tavoitteiden kannalta riittävän ajoissa”. Johtajien ja esimiesten on tämä huomioitava johtamistyössään.

Johtaja yhteistoiminnan toteuttajana ja edistäjänä

Olen työssäni päässyt kohtamaan paljon terveydenhuollossa toimivia johtajia ja nähnyt miten erilaisesti johtaja voi suhtautua työnantajan ja henkilöstön väliseen yhteistoimintaan. Vaikka yhteistoiminta on lailla säädeltyä, johtajan tietämys laista ja sen velvoitteista voi olla puutteellista. Johtaja on myös saattanut omaksua ylhäältä alas suuntautuvan tavan johtaa, eikä siihen ole kuulunut vuoropuhelu henkilöstön tai heidän edustajiensa kanssa ennen asioista päättämistä. Tällainen johtaja on tottunut tiedottamaan päätökset henkilöstölle ja pitänyt käytäntöä riittävänä. Myös valmisteilla olevista asioista keskustelu henkilöstön tai henkilöstön edustajien kanssa on tällaisille johtajille vierasta. "Tätähän vasta valmistellaan. Kerron sitten, kun on jotain saatu valmiiksi". Kun tällaiselle johtajalle kertoo, mitä yhteistoimintalaki oikeasti velvoittaa ja mikä hyöty hänelle olisi kuulla henkilöstöä ja ylläpitää vuoropuhelua, seuraa yleensä hiljaisuus. Omien asenteiden ja toimintatapojen muuttaminen on joillekin johtajille todella vaikeaa.

Olen kohdannut myös nykyaikaisia johtajia, jotka tuntevat hyvin yhteistoimintalain säädökset ja jotka toimivat niiden mukaan. He ovat myös huomanneet, miten henkilöstön mukaan ottaminen asioiden valmisteluun auttaa heitä tekemään hyviä päätöksiä. Kun vuoropuhelu henkilöstön tai heidän edustajiensa kanssa toimii, johtaja saa runsaasti tietoa päätöksenteon tueksi. Samalla hän jakaa oikeata asiatietoa henkilöstölle, estäen siten erilaisten huhupuheiden leviämisen työyhteisössä. Tällainen johtaja huomaa, miten yhdessä henkilöstön kanssa etsityt ratkaisut, jotka molemmat osapuolet ovat hyväksyneet, toimivat käytännössä. Näihin päätöksiin ja sovittuihin toimiin sitoudutaan ja luottamus vahvistuu.

Selvitin lisensiaatintyössäni (Suonsivu 2018) erään sairaanhoitopiirin työnantajan edustajien ja henkilöstön edustajien henkilökohtaisia näkemyksiä siitä, miten hyvin he tuntevat yhteistoimintaa koskevat säädökset ja mitkä ovat heidän yhteistoimintavalmiutensa. Samalla kysyin myös heidän osallistumistaan yhteistoimintamenettelyä koskevaan koulutukseen. Kyselyyn vastanneet työnantajan edustajat olivat nimenomaan johtavassa tai esimies-asemassa olevia henkilöitä.

Ensimmäisenä tutkimusvuotena yli 2/3 vastaajista ilmoitti tutustuneensa valtakunnalliseen yhteistoimintamenettelyä koskevaan yleissopimukseen, mutta toisena tutkimusvuotena vain noin puolet vastaajista ilmoitti tutustuneensa yhteistoimintalakiin. Kunnallisen alan työsuojelu- ja työympäristösopimukseen oli ensimmäisenä tutkimusvuotena tutustunut hieman yli puolet vastaajista, mutta toisena tutkimusvuotena vain noin neljännes vastaajista. Parhaiten vastaajat olivat tutustuneet sairaanhoitopiirin omaan paikalliseen yhteistoimintasopimukseen ja yhteistoiminta-asiakirjaan, ensimmäisenä tutkimusvuotena lähes kaikki eli 9/10 ja toisena tutkimusvuotena 2/3 vastaajista.

Yhteistoimintalaki ja sopimukset antavat pohjan ja raamit työnantajan ja henkilöstön väliselle yhteistoimintamenettelylle. Niiden tuntemus on tärkeätä, jotta mielletään oikein henkilöstön vaikutusmahdollisuudet arjen toiminnoissa. Olen työurani aikana havainnut sekä liian suuria odotuksia että pessimistisiä "en minä mitään voi päätöksiin vaikuttaa" asenteita. Yhteistoimintamenettely ei rajoita kunnallisen viranomaisen toimivaltaa, mutta antaa henkilöstölle mahdollisuuden tuoda näkemyksensä, tietonsa ja kokemuksensa asioista esille ja siten vaikuttaa mahdollisimman hyvän lopputuloksen saavuttamiseen. Tutkimuskyselyni aikaan kohdeorganisaatiossa valmisteltu yhteistoimintamenettelyn toiminta-ajatus kuvaa hyvin asiaa: "Yhteistoiminnan ensisijainen tehtävä on työyhteisön voimavarojen yhdistäminen yhdessä sovittujen päämäärien saavuttamiseksi". (Suonsivu 2018.)

Miten tutkimuskyselyyni vastanneet olivat osallistuneet yhteistoimintamenettelyä koskeviin koulutuksiin ja millaisiksi he arvioivat omat henkilökohtaiset yhteistoimintavalmiutensa? Ensimmäisenä tutkimusvuotena yli puolet vastaajista ilmoitti osallistuneensa yhteistoimintamenettelyä koskevaan koulutukseen. Vastaavasti vajaa puolet ilmoitti, ettei ole osallistunut yhteistoimintamenettelyä koskevaan koulutukseen kyseisenä vuonna. Henkilöstön edustajat olivat osallistuneet koulutukseen aktiivisesti, yli 2/3, kun vastaavasti työnantajan edustajista vain joka kuudes.

Toisena tutkimusvuotena 2/5 vastaajista kertoi osallistuneensa yhteistoimintakoulukseen, joko organisaation sisäiseen tai valtakunnalliseen koulutukseen. Henkilöstön edustajista yhteistoimintakoulutukseen oli osallistunut lähes puolet, mutta työnantajan edustajista vain viidennes. Työnantajan edustajien, siis johtajien ja esimiesten, osallistuminen oli siten hieman lisääntynyt toisena tutkimusvuotena, mutta oli siitä huolimatta melko vähäistä.

Yhteistoimintakoulutuksen osallistumisen vähäisyydestä huolimatta työnantajan edustajista lähes kolmannes arvioi omat yhteistoimintavalmiutensa erinomaisiksi ja yli puolet hyviksi ensimmäisenä tutkimusvuotena. Toisena tutkimusvuotena työnantajan edustajista 1/5 arvioi omat yhteistoimintavalmiutensa erinomaisiksi ja 3/5 hyviksi.

Yhteistoimintaa koskeviin säädöksiin ja sopimuksiin perehtyminen oli toisena tutkimusvuotena vähäisempää kuin ensimmäisenä. Henkilökohtaiset yhteistoimintavalmiudet olivat kuitenkin vastaajien itse arvioimina kohtuullisen hyvällä tasolla. Vaikka kohdeorganisaatiossa oli huolehdittu hyvin yhteistoimintakoulutuksesta, yhteistyöryhmien työnantajaedustajista vain viidennes oli niihin osallistunut. Osallistumisedellytyksissä nähtiin vielä paljon parantamisen varaa. Suurimmat ongelmat liittyivät ajankäyttöön ja tiedottamiseen.

Tässä nousee esiin johtaminen. Esimiesten asia on järjestää työnjako niin, että yhteistoiminnallisiin tilanteisiin ja kokouksiin asianosaiset pääsevät osallistumaan. Tietoa pitää jakaa mahdollisimman avoimesti ja oikea-aikaisesti.

Esimerkiksi valmistelussa olevista asioista henkilöstö haluaisi tietoja varhaisessa vaiheessa, kun taas valmisteleva virkamies tiedottaisi vasta silloin kun valmistelu on pidemmällä. (Suonsivu 2018.)

Kun osapuolten valmiudet ovat hyvät, vuoropuhelu työnantajan ja henkilöstön tai heidän edustajiensa kanssa saadaan toimivaksi. Tiivistäen voi sanoa, että yhteistoimintamenettelyn onnistuminen edellyttää osallistujilta hyviä valmiuksia ja halua toimia rakentavasti. Valmiuksia antavista koulutuksista tulee huolehtia ja omaehtoisesta säädöksiin ja sopimuksiin perehtymisestä on jokaisen toimijan otettava itse vastuu. Työnantajan tulee huolehtia osallistumisedellytyksistä, kuten ajankäytön riittävyydestä ja tiedon oikea-aikaisesta saannista.

Jotta johtajat voisivat toteuttaa ja edistää yhteistoimintaa henkilöstön kanssa, heidän on hyvä perehtyä niihin tekijöihin, jotka joko edistävät tai haittaavat yhteistoimintaa työorganisaatioissa. Selvitin lisensiaatintyössäni (Suonsivu 2018) näitä tekijöitä. Johtajien tulee pyrkiä vahvistamaan yhteistoimintaa edistäviä tekijöitä ja poistamaan tai vähentämään haittaavia tekijöitä.

Edistäviä tekijöitä:

Pyritään yhteiseen päämäärään. Tällöin on tärkeätä, että tunnetaan yhteistoimintamenettelyn tarkoitus ja mahdollisuudet ja vältetään vastakkainasettelua sekä huolehditaan, että vuoropuhelu on avointa ja osapuolet luottavat toisiinsa. Tavoitteista ja pelisäännöistä on sovittava työnantajan ja henkilöstön edustajien kesken yhdessä ja käytännössä toimitaan niin kuin on sovittu. Tärkeätä on johtajan asenne ja halun aidosti kuunnella henkilöstöä ja tehdä yhteistyötä. Toiminnan pitää olla rehellistä ja läpinäkyvää.

Toiminta on tuloksellista. Yhteistoiminnan tulee olla tavoitteita ja tulosta tukevaa. Tiedot taloudesta ja tulokseen vaikuttavista päätöksistä ovat tärkeitä. Johtajan näyttää esimerkkiä ja johtamistaitojaan pyrittäessä toimimaan tuloksellisesti. Rohkeitakin ratkaisuja tulee voida tehdä. Työnantajan edustajien tulisi olla hyvin tavoitettavissa. Toimialueen sisäisten vastuualueiden yhteiset tapaamiset ja yhteisymmärrys prosessien kesken edistävät yhteistoimintaa ja sen tuloksellisuutta.

Aidot vaikutusmahdollisuudet. Henkilöstön aito kuuleminen ja näkemysten huomioiminen ennen päätöksentekoa antaa aidon mahdollisuuden vaikuttaa. Tämä edellyttää, että asiat käsitellään yhteistoimintamenettelyssä riittävän ajoissa. Hyvä menettelytapa on esimerkiksi sellainen, jossa asia annetaan johtajan toimialueen yhteistyöryhmälle pohdittavaksi ja kommentoitavaksi hyvissä ajoin. Yhteistyöryhmien kokouksissa tulee olla aikaa keskustelulle. Keskustelun pitää olla rakentavaa ja erilaiset mielipiteet sallivaa. Myös hyvät yhteydet organisaation ylimpään edustukselliseen yhteistoimintaelimeen edistävät aitoa vaikuttamista toimialueella.

Toiminta on osallistavaa. Yhteistoimintamenettelyä edistää, jos toiminta on osallistavaa. Tämä edellyttää, että kokouksia pidetään riittävästi ja säännöllisesti, kokouksiin pääsee osallistumaan, kokoukset ovat avoimia ja osallistumaan kannustavia, osallistujat omaavat hyvät vuorovaikutus- ja yhteistyötaidot ja arvostavat muita keskustelijoita. Myös hyvä valmistautuminen edistää osallistumista. Johtajan on huolehdittava osallistumisen edellytyksistä.

Viestintä on avointa ja tehokasta. Tiedottamisen tulee olla riittävää, viestinnän avointa ja oikea-aikaista. Asiat tulee valmistella hyvin. Tiedon pitää kulkea hyvin työnantajalta henkilöstölle ja päinvastoin. Yhteiset säännölliset tiedotus- ja keskustelutilaisuudet edistävät yhteistoimintaa.

Työyhteisö voi hyvin. Työhyvinvointiin vaikuttaa todella monta tekijää. Johtajan toimialueella sitä edistää se, että toiminta koetaan oikeudenmukaiseksi. Ilmapiirin tulee olla avoin ja salliva. Asioita ei tule henkilöidä. Epäkohtiin tulee puuttua ja tehdä niille jotain. Ammattiryhmien välisen vuorovaikutuksen pitää toimia. Kun työyhteisö voi hyvin, se edistää yhteistoimintamenettelyä.

Haittaavia tekijöitä:

Yhteinen päämäärä ja tavoitteet. Yhteistoimintaa haittaavat tekijät ovat pitkälti käänteisiä edistävistä tekijöistä. Yhteisiin tavoitteisiin pääsemistä haittaa, jos johtajan toimialueen rakenne on heterogeeninen, ei tunneta toisten vastuualueiden tavoitteita ja toimintaa, kilpailuasenne, ei ole selkeitä toimintamalleja, ohjeita ei noudateta, hierarkkinen henkilöstörakenne, vastakkainasettelua, ei sitouduta päätöksiin ja halu yhteiseen hiileen puhaltamiseen puuttuu.

Toiminnan tuloksellisuus. Tuloksellisuutta haittaavia tekijöitä toimialueella ovat esimerkiksi seuraavat:

johtaminen on puutteellista, ei nähdä toimialuetason kokonaisuuksia, tehdään asiantuntemattomia päätöksiä, kyvyttömyys tehdä rohkeita ja vaikeita päätöksiä, erimielisyydet, ihmisten passiivisuus ja vastuunottamisen puute, kyvyttömyys ja osaamattomuus, teoria ja käytäntö eivät kohtaa.

Vaikutusmahdollisuudet. Yhteistoimintaa haittaa ja vaikutusmahdollisuuksia toimialueella heikentävät: ajan puute, asioiden määrä, hierarkkisuus päätöksenteossa, asioista päätetään ennen yhteistoimintamenettelyä, taloutta koskevat päätökset "tulevat annettuina", vuorotyö vaikeuttaa osallistumista, työntekijäjärjestöjen erimielisyydet sekä lyhyet työsuhteet.

Osallistava toiminta. Yhteistoimintaa haittaavia puutteita osallistavassa toiminnassa toimialueella ovat esimerkiksi seuraavat: puutteelliset kokousvalmistelut ja aikataulut, läsnäolijoiden vaihtuminen, asioiden käsittely monessa portaassa, fyysiset etäisyydet, jatkuva kiire, vuorotyö, haluttomuus osallistua toimintaan ja puutteellinen tietämys yhteistoiminnasta.

Viestintä. Esimerkkejä yhteistoimintaa haittaavista tekijöistä toimialueiden viestinnässä: tiedon puute, riittämätön tiedon saanti, valmisteltavien asioiden salailu, myöhässä tiedottaminen (päätökset jo tehty), väärinymmärrykset, monta toimijaa suullisessa viestinnässä, tiedon muuttuminen ja pirstaleisuus.

Työyhteisön hyvinvointi. Yhteistoimintaa haittaavia puutteita työyhteisöjen hyvinvoinnissa toimialueilla ovat muun muassa seuraavat: välinpitämättömyys, syyllistäminen, väheksyntä, kateus, varpaille astumisen pelko, ennakkoasenteet, keskustelu tunteilla ja huono käytös.

Johtaminen esimiestasolla työyhteisössä

Johtaminen työyhteisössä on vaativaa esimiestyötä, mikä kohdistuu sekä toimintaan että henkilöstöön. Esimiehellä on suuri vastuu oman yksikkönsä toiminnan onnistumisesta ja tavoitteiden saavuttamisesta. Julkisessa terveydenhuollossa työyhteisön esimies toimii johdon ja henkilöstön välimaastossa. Vuosittaisessa toiminta- ja talous-suunnitelmassa määritellään tavoitteet toiminnalle ja annetaan resurssit, joilla tehtävät tulee hoitaa. Resurssit tarkoittavat sekä euromääräistä budjettia että henkilöstöresursseja.

Työyhteisön johtaminen on monitahoinen johtamistehtävä. Terveydenhuollon yksiköissä esimiehen on otettava huomioon monia tahoja, joita ovat esimerkiksi organisaation johto, ylemmät esimiehet, oma henkilökunta, potilaat, omaiset, opiskelijat, oppilaitosten yhdyshenkilöt, ammattijärjestöt, luottamusmiehet, työsuojelu- ja turvallisuushenkilöstö, kansalaiset ja median edustajat. Kaikilla edellä mainituilla tahoilla on omat vaatimuksensa ja odotuksensa, joihin esimiehen on kyettävä vastaamaan. Odotukset ovat eivät aina ole realistisia ja siitä voi seurata ristiriitoja.

Myös työolosuhteissa saattaa olla puutteita, joita ei esimies hyvällä tahdollakaan voi nopeasti korjata. Esimerkiksi vuosikymmeniä sitten rakennetun sairaalan osastotilat on mitoitettu sen ajan hoitotarpeen ja tekniikan vaatimusten mukaisesti ja ovat auttamattomasti ahtaita nykymuotoiseen toimintaan. Toinen esimerkki voisi olla sisäilmaongelmat vanhoissa rakennuksissa. Joskus ongelmat ovat niin vakavia että joudutaan siirtämään toimintoja väistötiloihin korjausten ajaksi. Uudistilojen rakentaminen auttaa, mutta niiden saaminen kestää yleensä kauan. Työsuojeluhenkilöstö pyrkii edistämään toimia, joilla henkilöstön työolot saataisiin terveellisiksi ja turvallisiksi. Esimiehen mahdollisuudet nopeuttaa näitä toimia ovat varsin vähäiset.

Työturvallisuuskeskus on määritellyt esimiestyötä vastuiden, tehtävien ja roolien kautta. Näiden selkeä määrittäminen kohdentaa johtamista organisaation kannalta tärkeisiin asioihin. Vastuut liittyvät sekä asioiden että ihmisten johtamiseen.

Esimiehen vastuulla on rakentaa työnteon puitteet sellaisiksi, että työn sujumisesta, onnistumisista ja kipukohdista keskustellaan työpaikalla. Näin tekemällä esimies varmistaa, että alaiset vaikuttavat työn ja työolojen kehittämiseen ja voivat hyvin. Alaisten vastuuttaminen ja luottamus heidän kykyihinsä ideoida ja löytää ratkaisut todettuihin kipupisteisiin on hyvää esimiestyötä.

Työturvallisuuskeskus erottaa päivittäisjohtamisessa neljä eri roolia, joita ovat:

Arjen toimintavastuu. Siihen sisältyvät toimintaympäristö, tavoitteet, resurssit, osaaminen, aikataulut, työn sujuminen ja häiriöihin puuttuminen.

Muutosten hallinta. Muutossuuntien ennakointi, kehittämistavoitteiden määrittely, ymmärrettävä viestintä sekä muutosvastarinnan ymmärtäminen ja tunteiden kohtaaminen.

Ihmisistä huolehtiminen. Myönteinen ihmiskuva, kiinnostus, vuorovaikutus, arvostus, luottamus, innostaminen, vahvuuksien hyödyntäminen, huolehtiminen, puheeksi otto ja työkyvyn edistäminen.

Itsensä johtaminen. Oma hyvinvointi, kehittymisalueiden tunnistaminen ja jatkuva oppiminen, tuen hakeminen tarvittaessa ja ajankäytön hallinta.

Kun toiminnan tavoitteet ja resurssit ovat selvillä, johtajan tehtävä on saada henkilöstö sitoutumaan ja toimimaan yhtenäisenä joukkueena. Viime vuosina johtaminen työyksiköissä onkin kehittynyt valmentavan johtamisen suuntaan. Valmentavalla johtamisella tarkoitetaan sellaista johtamista mikä on eettisesti kestävää ja mikä uskoo ihmisen arvoon ja oppimiskykyyn. (Carlsson & Forssell

2008.) Valmentava johtaja auttaa alaisiaan tunnistamaan mahdollisuutensa parantaa ammattitaitoaan (Popper & Lipshitz 1992).

Jääkiekkovalmentaja Rauno Korven sanoin "yhteiset tavoitteet ovat yleensä niin vaativia, että jokaisen edellytetään kehittyvän paremmaksi kuin hän on tänään. Aktiivinen valmentava johtamisote on jatkuvaa yhteistyötä". (Korpi, Tanhua 2007.) Valmentavalla johtamisella pyritään lisäämään työntekijöiden osaamista, tietoja ja taitoja sekä lisäämään myös vastuun ottamista. Etsitään ja tuetaan työntekijöiden vahvuuksia. Vahvan kontrollin sijasta luotetaan työntekijöiden osaamiseen ja vastuullisuuteen.

Kaija Suonsivu (2011) on kuvannut valmentavaa johtamista seuraavasti: "Modernin johtamisen ydin toteutuu sanoissa luota, seuraa, tue. Se on vahvuuksien johtamista. Johtaja on valmentaja, joka auttaa jokaista työntekijää saamaan koko potentiaalinsa käyttöön. Valmentava esimies on avoin, keskusteleva ja tuntee alaisensa. Tähän asti on ajateltu, että kaikkien on tehtävä kaikkea, eikä kukaan saa loistaa yli muiden. Valmentava johtaja pyrkii päinvastaiseen. Hän tunnistaa työntekijöiden kaikki osaamisalueet ja erityistaidot, ja valjastaa ne työyhteisöä hyödyttävään käyttöön".

Luottamus ja oikeudenmukaisuus ovat erittäin tärkeitä tekijöitä johtamisessa. Henkilöstön tulee luottaa siihen, että heitä koskevat päätökset ovat rehellisiä ja oikeudenmukaisia. Päätösten oikeudenmukaisuus onkin yksi merkittävistä tulokseen vaikuttavista tekijöistä terveydenhuollossa.

Käytännön johtamistilanteissa on tärkeätä että esimies hallitsee yksikkönsä substanssin ja omaa hyvät vuorovaikutustaidot. Esimies kohtaa alaisensa sekä yksilöinä että ryhmänä. Keskeisin välittömän yhteistoiminnan muoto on nimenomaan esimiehen ja alaisen välitön vuorovaikutus arjen toiminnoissa. Toinen vaativa tilanne on vuosittain käytävä luottamuksellinen esimies – alaiskeskustelu. Ryhmämuotoisesta tilanteesta esimerkkinä työpaikkakokous, jossa esimies johtaa puhetta ja käy suoraa keskustelua henkilökuntansa kanssa.

Yhteistoimintajohtaminen

Mitä on yhteistoimintajohtaminen? Organisaation toiminta edellyttää tavoitteiden asettamista, toiminnan suunnittelua ja käytännön toimintaa. Tämä tarkoittaa, että asioita pitää valmistella ja sen jälkeen tehdä päätöksiä ja huolehtia päätösten toimeenpanosta. Julkisen terveydenhuollon organisaatiot ovat moniportaisia eli kaikkea edellä mainittua tehdään monilla tasoilla työorganisaatiossa.

Yhteistoimintajohtaminen tarkoittaa sitä, että asioiden valmisteluun ja päätöksentekoon on kytketty yhteistoimintalain mukainen yhteistoimintamenettely. Tämä tarkoittaa sitä, että henkilöstö tai henkilöstön edustajat ovat näissä toimissa mukana ja heillä on tilaisuus tuoda julki kantansa asioihin ennen kuin yhteistoiminnan piiriin kuuluvista asioista päätetään. Julkisessa terveydenhuollossa noudatetaan kunnallista yhteistoimintalakia (Laki työnantajan ja henkilöstön välisestä yhteistoiminnasta kunnissa, 449/2007). Onnistunut yhteistoimintajohtaminen edellyttää päättäjiltä, johtajilta ja esimiehiltä henkilöstön aitoa kuulemista ja kompromissien hakemista.

Yhteistoimintalain mukaan ”ennen kuin yhteistoimintalain asiapiiriin kuuluva asia ratkaistaan, on valmisteilla olevan toimenpiteen perusteista, vaikutuksista ja vaihtoehdoista neuvoteltava yhteistoiminnan hengessä, jotta saavutettaisiin yksimielisyys, ainakin niiden työntekijöiden kanssa, joita asia koskee”. Tämä on velvoite johtajille ja johtamisessa organisaation kaikilla tasoilla.

Suurissa terveydenhuollon yksiköissä, kuten sairaanhoitopiirissä tai sairaalassa henkilöstön edustaja on otettu mukaan johtoryhmiin kaikilla organisaatiotasoilla. Tarkoittaa siis esimerkiksi sairaanhoitopiirin tai sairaalan johtoryhmää ja toimialueiden johtoryhmiä. Henkilöstön edustajat ovat näissä johtoryhmissä täysivaltaisia jäseniä osallistuen päätöksentekoon. Henkilöstön edustajan sairaanhoitopiirin tai sairaalan johtoryhmään voi valita esimerkiksi sairaanhoitopiirin tai sairaalan yhteistoimintaelin, yhteistyötoimikunta, tai muu vastaava, jolloin käytännössä valinnan tekevät yhteistoimintaelimen henkilöstöedustajat. Vastaavasti toimialueiden johtoryhmiin henkilöstön edustajat valitsee kunkin toimialueen yhteistyöelin, esimerkiksi yhteistyöryhmä.

Yhteistoimintaelimet ovat osa edustuksellista yhteistoimintaa ja niillä on tärkeä rooli yhteistoimintajohtamisessa. Sairaanhoitopiirin tai sairaalan yhteistoimintaelin esimerkiksi käsittelee ja antaa lausunnon yhteistoimintamenettelyn piiriin kuuluvista sairaanhoitopiirin hallitukselle menevistä esityksistä. Käytännössä lausunnot ovat yhteistoimintaelimen henkilöstöedustajien lausuntoja, koska työnantajan edustajat ovat useimmiten olleet valmistelemassa lausuttavia asioita. Merkittävä vuosittaisia tällaisia asioita ovat esimerkiksi toiminta- ja taloussuunnitelma ja talousarvio, henkilöstösuunnitelma ja kehittämissuunnitelmat. Luottamushenkilöhallintoon kuuluva kuntayhtymän hallitus huomioi annetut lausunnot.

Kun tullaan organisaatiossa toimialuetasolle, toimialueen edustuksellinen yhteistoimintaelin käsittelee kyseistä toimialuetta koskevat toimintasuunnitelmat, henkilöstösuunnitelmat, kehittämissuunnitelmat, turvallisuussuunnitelmat ja muut vastaavat merkittävät asiat sekä henkilöstöltä tulleet aloitteet ja muut esitykset. Kun näissä löydetään yhteisymmärrys työnantajan ja henkilöstön edustajien kesken, ollaan toteuttamassa yhteistoimintajohtamista. Toimialueen johto tekee päätökset yhdessä sovittujen linjausten ja kannanottojen mukaisesti. Yhteistoimintajohtaminen ei rajoita johtajien päätösvaltaa. Jos yhteisymmärrykseen ei päästä, päättäjä tekee silti päätöksen.

Työyksiköissä, kuten sairaalan osastoilla, yhteistoimintajohtamisessa on käytettävissä välittömän yhteistoiminnan muodot, joita ovat esimerkiksi seuraavat:

Esimies – alaiskeskustelu
Kehityskeskustelu
Työpaikkakokoukset
Palautteen antaminen
Työnohjaus
Tiedotustilaisuudet
Koulutus- ja tiedotusluonteiset neuvottelutilaisuudet
Osallistuminen kehittämisprojekteihin
Laatu- ja tuloksellisuusryhmät
Tiimit.

(Kunnallinen työmarkkinalaitos 2005)

Yhteistoimintajohtamisessa työpaikoilla on aivan keskeinen ja ensisijainen asia yhteistoimintamenettelyn piiriin kuuluvan asian käsittely suoraan asianomaisen henkilön ja hänen esimiehensä kesken. Työntekijällä on tutkitusti parhaat mahdollisuudet vaikuttaa omaa työtään ja omaa työyhteisöään koskeviin asioihin nimenomaan välittömän keskustelun avulla. Tätä mieltä oli tutkimuskyselyssäni 9/10 vastaajista. (Suonsivu 2018.)

Tämä suora keskustelu on myös esimiehen kannalta tärkeä. Hän voi suoraan kertoa esimerkiksi suunnitellun toimenpiteen tai työtehtävien muutoksen perustelut, vaikutukset ja mahdolliset työntekijää koskevat vaihtoehdot, kuulla työntekijän mielipiteen, toiveet ja näkemykset ennen kuin tekee esimiehenä päätöksiä. Tavoitteena on löytää asioihin sellainen yhteinen ratkaisu, minkä molemmat osapuolet voivat hyväksyä ja johon osapuolet sitoutuvat.

Toinen keskeinen välittömän yhteistoiminnan muoto on työntekijän ja esimiehen välinen kehityskeskustelu. Monet työorganisaatiot ovat nähneet kehityskeskustelut niin tärkeiksi, että ne on velvoitettu jokaisen työntekijän käymään ainakin kerran vuodessa. Näissä keskusteluissa esimerkiksi luodaan katsaus menneeseen vuoteen ja toteutuneisiin asioihin, työntekijän työssä selviytymiseen, pohditaan tulevaa aikaa työssä, työntekijän osaamisen vahvistamista, koulutustarpeita, työhyvinvointitekijöitä, jne.

Kehityskeskustelut ovat luottamuksellisia tilanteita ja onnistuessaan lisäävät työntekijän ja esimiehen välistä luottamusta. Kehityskeskustelujen pitää olla kannustavia ja tukea antavia tilanteita. Tutkimuskyselyssäni 8/10 vastaajista katsoi voivansa vaikuttaa omaa työtään koskeviin asioihin kehityskeskustelujen avulla vähintään hyvin. (Suonsivu 2018.) Yhteistoimintajohtamisen kannalta kehityskeskustelujen anti päätöksiä tekevälle esimiehelle on merkittävä.

Kolmas keskeinen välittömän yhteistoiminnan muoto on työpaikkakokous. Tämä tarkoittaa työpaikalla tapahtuvaa kokousta, jossa puhetta johtaa yleensä työpaikan esimies ja läsnä on mahdollisimman paljon työpaikan työntekijöitä.

Työnantajan edustajia voi olla paikalla muitakin kuin työpaikan lähiesimies, esimerkiksi ylempi esimies. Usein läsnäolo-oikeus on myös toimialueen työsuojeluvaltuutetulla, ainakin silloin, jos asialistalla on työturvallisuusasioita. Työpaikkakokouksiin voidaan kutsua myös muita asiantuntijoita. Tutkimuskyselyssäni 8/10 vastaajista ilmoitti voivansa vaikuttaa omaa työtään koskeviin asioihin työpaikkakokouksen kautta vähintään hyvin. (Suonsivu 2018.)

Jotta työpaikkakokous onnistuisi mahdollisimman hyvin, työnantajan on huolehdittava henkilöstön osallistumisen edellytyksistä. Kokous on huomioitava työvuorolistassa ja sijoitettava sellaiseen aikaan, että työntekijöiden osallistuminen onnistuu. Tärkeätä on, että henkilöstö saa asialistalle haluamansa asiat ja että jokainen saa halutessaan puheenvuoron esittää mielipiteensä. Työpaikkakokouksen asialista on yleensä moninainen, esimerkkinä työyksikköä koskevat toiminta- ja taloussuunnitelmat, hankinnat, koulutusasiat, vuosilomat, työtehtäviin liittyvät asiat, tila-asiat, työsuojelu- ja turvallisuusasiat, aiemmin tehtyjen päätösten seuranta, jne.

Työpaikkakokouksista on hyvä laatia myös muistio, johon kirjataan kokouksen ajankohta, läsnäolijat, käsitellyt asiat ja tehdyt päätökset. Myös eriävät mielipiteet on hyvä merkitä muistiin. Tämä kirjaaminen on tärkeätä siksi, että tieto asioista ja päätöksistä menee myös niille, jotka eivät ole voineet kokoukseen osallistua. Myös päätösten seurannan kannalta dokumentointi on tärkeätä.

Työpaikkakokoukset ovat vakiintuneet käytäntö terveydenhuollon yksiköissä. Jotta ne edistäisivät yhteistoimintajohtamista, niiden edelleen kehittämiseen kannattaa panostaa. Työpaikan työntekijöillä ja esimiehillä on paras asiantuntemus työyksikön tehtävien parhaista mahdollisista toimintatavoista ja tulevaisuuteen suuntautuvista innovaatioista. Vahva yhteisöllisyys tukee yhteistoiminnallista johtamista ja lisää henkilöstön vaikutusmahdollisuuksia koskien heidän omaa työtään ja työyhteisöään.

Edellä käsiteltyjen välittömän yhteistoiminnan muotojen lisäksi yhteistoimintajohtamisessa ja henkilöstön vaikutusmahdollisuuksissa on merkitystä myös palautteen antamisella, tiedotustilaisuuksilla, koulutus- ja tiedotusluonteisilla neuvotteluilla, osallistumisella kehittämishankkeisiin, tiimeillä, laaturyhmillä ja työnohjauksella.

Palautetta työstämme saamme sekä esimiehiltämme että työtovereiltamme. Palautteen antaminen ja saaminen onkin tärkeätä, jotta tietäisimme teemmekö työmme hyvin ja oikein. Varsinkin nuoret työntekijät kaipaavat asiallista rakentavaa palautetta työstään. Nimenomaan esimiehen antama palaute on merkityksellistä. Jos palautetta ei saa, työntekijä joutuu itse arvioimaan tekemistään ja pohtii siinä onnistumistaan. Ainakin itse koin sen näin ensimmäisessä työpaikassani 15-vuotiaana kaupassa. Esimieheni ei koskaan antanut palautetta meille työpaikan työntekijöille, vaan oli etäinen ja teki omissa oloissaan omia töitään. Onneksi näin ei asia ole terveydenhuollon yksiköissä, vaan suora palautteen antaminen ja saaminen on osa välitöntä yhteistoimintaa ja yhteistoimintajohtamista.

Tiedotustilaisuudet ovat suoraa kommunikointia esimiehen ja henkilöstön kesken. Niissä käsitellään ajankohtaisia asioita, mitkä vaikuttavat työyhteisön toimintaan ja henkilöstön työhön. Tiedotustilaisuuksien oikea ajoitus on tärkeä, samoin sanoman selkeys. Säännöllisillä tiedotustilaisuuksilla vähennetään huhujen ja väärien tietojen leviämistä työyhteisössä. Tiedottamisen merkitys korostuu erilaisissa muutostilanteissa, joissa usein esiintyy epävarmuutta työyhteisön tulevaisuudesta. Hyvä tiedottaminen vahvistaa yhteistoiminnallisuutta ja yhteistoimintajohtamista.

Työyhteisöissä esimiesten on hyvä tunnistaa, mitkä tekijät edistävät ja mitkä haittaavat yhteistoimintaa ja yhteistoimintajohtamista. Lisensiaatintyössäni (Suonsivu 2018) selvitin näitä tekijöitä.

Edistäviä tekijöitä:

> Pyritään yhteiseen päämäärään. Tunnetaan riittävän hyvin yhteistoimintamenettelyn sisältö, vältetään vastakkainasettelua, keskustellaan avoimesti, tavoitteet ja pelisäännöt ovat kaikkien tiedossa, sitoudutaan päätöksiin ja toimitaan sovitusti.
>
> Toiminta on tuloksellista. Yhteistoimintamenettely on tulosta tukevaa. Työyhteisön ammatillinen rakenne on oikea, pelisäännöt ovat selkeät, esimies on osaava ja tasapuolinen, työntekijöiden

kyvykkyyttä käytetään, kokeillaan rohkeasti uusia toimintatapoja ja parannusehdotuksia.

Aidot vaikutusmahdollisuudet. Työpaikkakokouksia järjestetään säännöllisesti ja niissä on avoin keskusteleva ilmapiiri. Lähiesimies on kuunteleva ja antaa kaikkien tuoda mielipiteensä ja näkemyksensä julki, henkilöstö on mukana toiminnan suunnittelussa, työnantajan ja työntekijöiden välinen vuorovaikutus on avointa ja rehellistä, työryhmissä on ammattitaitoiset edustajat ja ihmiset haluavat ja osaavat vaikuttaa. Kehityskeskustelut käydään kaikkien työntekijöiden kanssa.

Toiminta on osallistavaa. Kaikilla on tasavertaiset mahdollisuudet osallistua. Työpaikkakokoukset ovat säännöllisiä ja niissä annetaan jokaiselle puheenvuoro. Kenenkään mielipiteitä ei vähätellä. Tehdään paljon yhdessä. Ylläpidetään myönteistä, avointa ilmapiiriä. Työnantaja huolehtii henkilöstön osallistumisen edellytyksistä.

Viestintä on avointa ja tehokasta. Tiedotetaan riittävästi ja oikea-aikaisesti. Tieto kulkee työnantajan edustajilta henkilöstölle ja päinvastoin sekä yhteistyöryhmältä työpaikoille ja päinvastoin. Yhteisiä tilaisuuksia on riittävästi. Tietoa ei pantata ja toimitaan läpinäkyvästi. Huolehditaan henkilöstön viestintätaidoista.

Työyhteisö voi hyvin. Työyhteisö voi hyvin, jos työpaikalla on hyvä työilmapiiri ja ihmissuhteet toimivat. Tärkeitä ovat muun muassa henkilöiden keskinäinen kunnioitus, jokaisen työn arvostus, huolenpito ja välittäminen, oikeudenmukainen kohtelu, kiireen välttäminen ja ongelmiin puuttuminen varhaisessa vaiheessa. Työyhteisön hyvinvointia lisää myös aktiivinen työkykyä ylläpitävä toiminta, kuten yhteiset työkykyä edistävät päivät.

Haittaavia tekijöitä:

Yhteinen päämäärä ja tavoitteet. Ei sitouduta työpaikan tavoitteisiin, vanhanaikaiset asenteet, muutosvastarinta, luottamuspula, ennakkoluulot, vastakkainasettelua, huono keskustelukulttuuri, ei ymmärretä kokonaisuuksia, ei tunneta riittävän hyvin yhteistoimintamenettelyä.

Toiminnan tuloksellisuus. Heikko johtajuus, lähiesimiesten puutteelliset esimiestaidot, välinpitämättömyys, kyvyttömyys ja osaamattomuus, puuttumattomuus työyhteisön asioihin, kehittämisen estävä liiallinen kuormitus ja työnohjauksen puute.

Vaikutusmahdollisuudet. Yhteistoimintaa ja henkilöstön vaikutusmahdollisuuksia haittaavat: tietämättömyys ja osaamattomuus, asioita ei tuoda yhteistoimintamenettelyyn, ei tiedetä riittävästi esillä olevasta asiasta, ei uskalleta ottaa kantaa kokouksissa, pelätään sanoa oma mielipide, asioista ei keskustella järjestöjen kesken, kokemus ettei voi vaikuttaa asioihin, kiire, perustehtävän hoito vie kaiken ajan eikä ehditä puuttua asioihin silloin kun pitäisi.

Osallistava toiminta. Yhteistoimintaa ja osallistavaa toimintaa haittaavia tekijöitä ovat: avoimen keskustelun puute, ei ehditä osallistumaan yhteisiin työpaikkakokouksiin, vuorotyö, työaikajärjestelyt, vaikea löytää yhteistä aikaa, kiinnostuksen puute, perinteissä pitäytyminen, eristäytyminen omiin reviireihin, kaikkitietävä johto ja äänetön kokous.

Viestintä. Yhteistoimintaa haittaa työyhteisössä muun muassa nämä viestinnälliset tekijät: tiedonkulun ongelmat, tiedon puute, salassa valmistelu, ei tiedoteta oikeaan aikaan, passiivinen kulttuuri, ei käytetä intranettiä, 3-vuorotyö vaikeuttaa tiedon kulkua.

Työyhteisön hyvinvointi. Yhteistoimintaa ja työhyvinvointia työyhteisössä haittaavat: huonot ihmissuhteet, epäluuloinen suhtautuminen johtoon ja esimiehiin, kateus, epätasa-arvo, vaikeiden asioiden välttely, huhut, hiljaiset erimielisyydet, työuupumus, huono käytös, ongelmia puidaan kuppikunnissa, huono työilmapiiri, ammattiryhmien väliset jännitteet ja yksilöiden kyvyttömyys yhteiseen avoimeen keskusteluun.

Yhteistoiminnan organisointi

Mitä yhteistoiminta ja yhteistoimintamenettely tarkoittavat? Syväsen (2003) mukaan yhteistoiminta tarkoittaa tilannetta, jossa vastakkain ovat osapuolet, joiden intressit pyritään yhteistoiminnan avulla sovittamaan yhteen. Yhteistoiminta on siis toimintaa, jossa eri toimijat työskentelevät yhteisteisen päämäärien ja tavoitteiden hyväksi. Eräässä sairaanhoitopiirissä yhteistoiminnan toiminta-ajatus on määritelty osuvasti näin: "Yhteistoiminnan ensisijainen tehtävä on työyhteisön voimavarojen yhdistäminen yhdessä sovittujen päämäärien saavuttamiseksi".

Yhteistoimintamenettely tarkoittaa yhteistoimintalain mukaan sitä, että ennen kuin työnantaja ratkaisee yhteistoiminnan asiapiiriin kuuluvan asian, hänen on neuvoteltava toimenpiteen perusteista, vaikutuksista ja vaihtoehdoista niiden työntekijöiden ja toimihenkilöiden tai henkilöstön edustajien kanssa, joita asia koskee. Yksittäistä työntekijää tai toimihenkilöä koskeva asia käsitellään ensisijaisesti työnantajan ja tämän henkilön välillä. Työnantajan taikka työntekijän tai toimihenkilön vaatimuksesta asiasta on neuvoteltava myös työnantajan ja asianomaisen henkilöstön edustajan kesken. (Laki työnantajan ja henkilöstön välisestä yhteistoiminnasta kunnissa 2007.)

Yhteistoimintamenettely julkisessa terveydenhuollossa tarkoittaa määrämuotoista, lailla säädeltyä ja sopimuksilla sovittua tapaa järjestää työnantajan ja henkilöstön välinen yhteistoiminta käytännössä. Jotta työnantajan ja henkilöstön yhteistoiminta julkisessa terveydenhuollossa saataisiin mahdollisimman toimivaksi ja johtamista tukevaksi, on syytä huolellisesti paneutua yhteistoimintamenettelyn käytäntöjen organisointiin.

Yhteistoimintamenettelyn organisointi kunnissa ja kuntayhtymissä on yleensä sovittu paikallisella yhteistoimintasopimuksella tai muulla vastaavalla asiakirjalla, jossa sopimusosapuolia ovat työnantaja ja ammatilliset pääsopijajärjestöt tai ammattiliitot.

Esimerkki yhteistoiminnan organisoinnista sairaanhoitopiirissä:

> Edustuksellinen yhteistoiminta sairaanhoitopiiritasolla. Sairaanhoitopiirin ja henkilöstön välisenä yhteistoimintaelimenä toimii sairaanhoitopiirin yhteistyötoimikunta. Yhteistyötoimikunnan tehtävänä on edistää työnantajan ja henkilöstön välistä yhteistoimintaa ja käsitellä sairaanhoitopiiritasoiset yhteistoimintalain asiapiiriin kuuluvat asiat. Jos yhteistoiminta-

menettelyn piiriin kuuluva asia koskee yksinomaan toimialueen henkilöstöä, se on ensisijaisesti käsiteltävä ko. toimintayksikön yhteistyöryhmässä.

Yhteistyötoimikuntaan kuuluu 21 jäsentä, joista 7 edustaa työnantajaa ja 14 henkilöstöä. Kullekin edustajalle nimetään henkilökohtainen varajäsen. Työnantajan edustajat yhteistyötoimintakuntaan nimeää kuntayhtymän hallitus. Henkilöstön edustajina toimivat ammattijärjestöjen nimeämät edustajat. Henkilöstön edustajien määrät järjestöittäin ovat: JUKO x, Jau x, SuPer x ja Tehy x. Lisäksi yhteistyötoimikunnassa on x järjestöjen yhdessä nimeämää henkilöstön edustajaa.

Yhteistyötoimikunnan toimikausi on neljä vuotta (valtuustokausi) Yhteistyötoimikunta sopii kokouskäytännöistään. Yhteistyötoimikunta seuraa edustuksellisen yhteistoiminnan toteutumista toimialueilla. Yhteistyöryhmistä raportoidaan vuosittain yhteistyötoimikuntaan.

Edustuksellinen yhteistoiminta toimialueilla. Toimialueilla tässä asiakirjassa tarkoitetaan toimialueita, hoitotyön palvelualuetta, palvelukeskusta, liikelaitosta, yhtymähallintoa sekä x sairaalaa ja y sairaalaa. Työnantajan ja henkilöstön välisinä yhteistoimintaeliminä toimialueilla toimivat yhteistyöryhmät.

Yhteistyöryhmän tehtävänä on käsitellä toimialuetta koskevat yhteistoimintalain asiapiiriin kuuluvat asiat. Milloin toimialueen yhteistyöryhmä toteaa, että yhteistoimintamenettelyn piiriin kuuluva asia koskee kuntayhtymän henkilöstöä yleisesti, asia viedään sairaanhoitopiirin yhteistyötoimikunnan käsittelyyn.

Yhteistyöryhmän kokoonpano sovitaan toimialueella yhteistyössä pääluottamusmiesten ja yt päällikön kanssa. Henkilöstön edustajien valinnasta vastaavat ammattijärjestöjen pääluottamusmiehet. Henkilöstön edustus tulee koota toimialueen paikalliset olosuhteet huomioiden niin, että keskeiset toimintayksiköt ja ammattiryhmät tulevat edustetuiksi. Työnantajan edustajat nimetään pääsääntöisesti toimialueen johtoryhmästä.

Yhteistyöryhmän toimikausi on neljä vuotta (valtuustokausi). Yhteistyöryhmä sopii kokouskäytännöistään. Toimialueen työsuojeluvaltuutetulla ja johtoryhmän henkilöstöedustajalla on läsnäolo- ja puheoikeus yhteistyöryhmän kokouksissa. Yhteistyöryhmät seuraavat yhteistoiminnan toteutumista vastuualueilla ja yksiköissä.

Yhteistoimintamenettely vastuualueilla ja vastuuyksiköissä Yhteistoimintamenettely vastuualueilla ja vastuuyksiköissä hoidetaan välittömänä yhteistoimintana. Välitöntä yhteistoimintaa on esimiehen ja henkilöstön keskinäinen vuorovaikutus. Välittömän yhteistoiminnan muotoja ovat työpaikkakokoukset ja soveltuvin osin kehityskeskustelut, palautteen antaminen, tiedotustilaisuudet, neuvottelutilaisuudet, kehittämispäivät, osallistuminen kehittämishankkeisiin sekä laatu- ja tuloksellisuusryhmät.

Vastuualueella sovitaan tarkemmin yhteistoimintaan liittyvistä ja muista työpaikkakokousmenettelyistä. Työpaikkakokoukseen kutsutaan kaikki työntekijät, joita asia kulloinkin koskee ja, jotka osallistuvat ao. palvelun tuottamiseen. Työpaikkakokoukset ja muut vastaavat työnantajan järjestämät yhteistoiminnalliset tilaisuudet luetaan työajaksi ja jokaisella ko. työpaikalla työskentelevällä on oikeus osallistua niihin.

Työsuojeluyhteistoiminta. Edustuksellisena työsuojelun yhteistoimintaelimenä sairaanhoito-

> piiritasolla toimii työsuojelutoimikunta, jonka tehtävänä on käsitellä laissa työsuojelun valvonnasta ja työsuojeluyhteistoiminnasta sekä kunnallisen alan työsuojelun yhteistoimintasopimuksessa määritellyt asiat. Työsuojelutoimikuntaan kuuluu 15 jäsentä, joista 5 edustaa työnantajaa ja 10 henkilöstöä. Kullekin edustajalle nimetään henkilökohtainen varajäsen. Henkilöstön edustajina toimivat päätoimiset työsuojeluvaltuutetut (x). Muut x henkilöstönedustajaa ovat varavaltuutettuja. Työsuojelun yhteistoimintaeliminä toimialueilla toimivat yhteistyöryhmät. Yhteistyöryhmien kokouksiin kutsutaan alueen työsuojeluvaltuutettu. Yhteistyöryhmän tehtävänä on käsitellä toimialuetta koskevat työsuojeluasiat.

Kuten edellä olevasta esimerkistä nähdään, yhteistoiminnan organisointi nivelletään hallinnolliseen organisaatioon, jolloin se kattaa kaikki organisaatiotasot. Yhteistoimintasopimuksessa tai vastaavassa asiakirjassa on selkeästi mainittu sopimusosapuolet, sovittu edustuksellisten yhteistoimintaelinten kokoonpanot mukaan lukien työsuojelun yhteistoiminta, kerrottu tiivistetysti edustuksellisten yhteistoimintaelinten tehtävät sekä selvitetty välittömän yhteistoiminnan muodot vastuu-yksiköissä ja vastuualueilla. Tärkeä on myös työpaikka-kokouksia koskeva osio.

Työsuojelun osalta on syytä selventää mitä ovat työsuojelu-organisaatio ja työsuojelun yhteistoimintaorganisaatio, koska vieläkään nämä käsitteet eivät ole kaikille selviä. Työsuojeluorganisaatio on linjaorganisaatio. Johtajat ja esimiehet eri organisaatiotasoilla vastaavat siitä, että työolosuhteet työyhteisössä ovat terveelliset ja turvalliset. Työsuojelun yhteistoimintaorganisaatio tarkoittaa työsuojeluhenkilöstöä (työsuojelupäällikkö, työsuojelu-valtuutetut ja työsuojeluasiamiehet) ja työsuojeluasioita käsittelevää yhteistoimintaelintä (työsuojelutoimikunta).

Yhteistoimintasopimuksella tai vastaavalla asiakirjalla sovittujen asioiden vieminen käytäntöön vaatii useimmiten vielä täsmennyksiä ja sopimisia. Esimerkiksi edustuksellisten yhteistoimintaelinten kokoustiheys ja ajoitus on sellainen. Kokouksia tulee olla riittävästi ja ne on hyvä kytkeä asioiden valmisteluun siten, että yhteinen käsittely tapahtuu ennen päätöksentekoa, jolloin henkilöstön kannanotot ovat ajoissa valmistelijoiden ja päättäjien tiedossa.

Kokousten valmistelusta ja puheenjohtajuudesta tulee myös sopia. Hyväksi käytännöksi on osoittautunut sellainen menettely, jossa puheenjohtajana toimii vuorovuosin työnantajan edustaja ja henkilöstön edustaja. Vastaavasti varapuheenjohtaja on eri osapuolelta kuin puheenjohtaja. Toimivaksi on osoittautunut myös kokouksen valmistelu pienryhmässä, jossa ovat mukana puheenjohtaja, varapuheenjohtaja ja sihteeri. He sopivat kulloisenkin kokouksen asialistasta. Näin osapuolet saavat haluamansa asiat kokouskäsittelyyn.

Yhteistoimintaviestintä

Työnantajan ja työntekijöiden välisen yhteistoiminnan ja yhteistoimintajohtamisen onnistumisen kannalta erittäin suuri merkitys on sillä, miten dialogi osapuolten välillä toimii. Pystyvätkö osapuolet rakentavaan keskusteluun ja todella etsimään ja toteuttamaan yhteistoiminnan ydintä, työnantajan ja henkilöstön voimavarojen yhdistämistä yhteisen päämäärän saavuttamiseksi. Yhteistoiminnallisessa organisaatiossa voimavaroja kootaan yhteisten päämäärien taakse erilaisista elämismaailmoista käsin työtään tekevien organisaation toimijoiden välisen dialogin välityksellä (Syvänen 2012).

Osapuolten välinen viestintä on monimuotoista. Tärkeätä on jakaa oikeata tietoa päätöksenteon kannalta oikeaan aikaan. Sosiaaliseen dialogiin osallistumisen muodot vaihtelevat tiedon jakamisesta neuvotteluihin ja päätöksentekoon osallistumiseen. Toimivan sosiaalisen dialogin luomisessa tärkeätä on työpaikan johdon ja työntekijöiden todelliset pyrkimykset aitoon yhteistoimintaan. Keskeistä on osapuolten luottamus ja sitoutuminen. (Eurofound 2015.) 2000-luvun tutkimuksissa nousee esille työnantajan ja henkilöstön tavoitteet ja yhteiset edut. Yhteistyö, yhteisymmärrys, kompromissihakuisuus ja luottamus ovat avainasioita sosiaalisessa dialogissa pyrittäessä yhteisiin tavoitteisiin. (Zientara 2010.)

Tiedon jakaminen on perusta yhteistoiminnalliselle viestinnälle. Se on merkittävä välittömän yhteistoiminnan muoto työorganisaatiossa. Kun on tutkittu työnantajan ja henkilöstön välistä yhteistoimintaa edistäviä ja haittaavia tekijöitä, tiedottaminen nousee vahvasti esille. Viestinnässä on tärkeätä, että se on vuorovaikutuksellista. Tiedon pitäisi kulkea organisaatiossa sekä ylhäältä alas että alhaalta ylös. (Suonsivu 2018.)

Yhteistoimintaa ja yhteistoimintajohtamista edistää riittävä, oikea-aikainen ja avoin tiedottaminen. Käsiteltävistä asioista tulee siis antaa tietoa riittävästi, jotta siihen voisi ottaa kantaa. Tiedon oikea-aikaisuus voidaan nähdä eri tavoin. Henkilöstö haluaa tietoa valmistelussa olevista asioista mahdollisimman aikaisessa vaiheessa. Sen sijaan osa valmistelevista virkamiehistä tiedottaisi vasta sitten, kun valmistelu olisi edennyt pidemmälle.

Yhteistoimintaa haittaavat tekijät ovat käänteisiä edellä kerrottuihin. Tietoa ei anneta riittävästi, sitä pantataan tai annetaan vähän kerrallaan, jolloin todellinen asiantila jää epäselväksi. Tietoa ei jaeta ajoissa, vaan vasta sitten, kun on jo tehty päätöksiä. Tällöin yhteistoiminnallinen asioihin vaikuttaminen estyy ja on menetelty yhteistoimintalain tarkoituksen vastaisesti.

Sähköiset välineet ovat nopeuttaneet ja helpottaneet viestintää todella paljon. Kun aiemmin esimerkiksi työorganisaation yhteistoimintaelimen kokousmateriaalit olivat paperille tulostettuja ja jaettiin suurina kirjeinä tai paketteina joko sisäisessä postissa tai jopa normaalipostin kautta, niin nyt esityslistat kaikkine liitteineen lähtevät napin painalluksena ja ovat heti perillä sähköpostissa. Nyt saadaan viimeisin tieto perille vaivattomasti.

Työyksiköissä tiedottamiseen ja viestintään käytetään monenlaisia tiedotuskanavia. Sähköisten kanavien, kuten sähköposti, intranet ja sähköinen ilmoitustaulu, rinnalla on edelleenkin käytössä perinteisiä viestintämuotoja. Näitä ovat esimerkiksi henkilökohtaiset keskustelut, työpaikka-kokoukset, osastokokoukset, viikkopalaverit, johtoryhmien kokoukset, hallintomeetingit, raportit, pöytäkirjat, muistiot, vihot, seinälaput, uusien asioiden kansio, puhelin, kahvipöytäkeskustelut, kollegakeskustelut, työryhmätyöskentely, työpaikkakäynnit, tiedotustilaisuudet, viikkotiedote, tiedotuslehti ja muut kirjalliset tiedotteet. Seuraavassa osiossa on aiheena vastuu ja luottamus yhteistoiminnassa.

Vastuu ja luottamus yhteistoiminnassa

Yhteistoimintajohtamisessa ja sen onnistumisessa on suuri merkitys sillä, miten johtajat ja esimiehet sekä henkilöstö ja henkilöstön edustajat mieltävät vastuunsa ja toimivat vastuullisesti. Vastuu ja luottamus kulkevat käsi kädessä pyrittäessä toteuttamaan yhteistoiminnan ydintä eli työnantajan ja henkilöstön voimavarojen yhdistämistä yhteisen päämäärän saavuttamiseksi. Näitä teemoja käsittelen tässä osiossa.

Freitas ym. (2011) ovat määritelleet johtamiseen liittyvää vastuullisuutta siten, että vastuullinen henkilöstö-johtaminen linkittyy organisaation vastuullisuuteen kehittämällä henkilöstöpolitiikkoja, henkilöstöstrategioita ja -käytänteitä, jotka huomioivat ja tukevat samanaikaisesti taloudellista, sosiaalista ja ympäristöllistä näkökulmaa.

Ehnertin (2009) mukaan vastuullisen henkilöstöjohtamisen tavoitteena on varmistaa tuottavuus ja henkilöstön sitoutuminen, jotta organisaatio voi saavuttaa tavoitteensa. Henkilöstöä ei nähdä kustannustekijänä vaan merkittävänä lisäarvoa tuottavana liiketoimintakomponenttina, jolla on arvoa omasta takaa. Wrigh ja McMahan (1992) näkevät, että organisaatiot voivat selviytyä pitkällä tähtäimellä vain, jos ne onnistuvat saamaan, kehittämään ja pitämään korkeantason työntekijöitä.

Pfefferin (2010) on ottanut keskusteluun vastuullisuuden vaikutukset fyysiseen ja sosiaaliseen ympäristöön. Mitkä ovat organisaatiossa tehtyjen päätösten vaikutukset henkilöstön hyvinvointiin ja terveyteen. Hänen mukaansa sosiaalisesti vastuullinen organisaatio huomioi nämä tekijät.

Viitala ja Järlström (2014) ovat selvittäneet vastuullisen henkilöstöjohtamisen koostumusta HR Barometrin kysymyksillä. Vastaajat edustivat organisaatioiden ylintä johtoa, henkilöstöjohtoa ja luottamushenkilöitä. Ylimmän johdon pääkategoriat olivat:

Tasapuolinen ja oikeudenmukainen kohtelu
Vastuullinen päätöksenteko
Avoin vuorovaikutus ja dialogi johdon ja henkilöstön välillä
Osaamisen kehittämisestä huolehtiminen
Työhyvinvoinnista huolehtiminen.

Henkilöstöjohdon vastaukset jakautuivat seuraavasti:

Vastuullinen päätöksenteko
Avoin vuorovaikutus ja dialogi johdon ja henkilöstön välillä
Osaamisen kehittymisestä huolehtiminen
Työhyvinvoinnista huolehtiminen
Tasapuolinen ja oikeudenmukainen kohtelu.

Luottamushenkilöiden näkemykset jakaantuivat seuraavasti:

Tasapuolinen ja oikeudenmukainen kohtelu
Avoin vuorovaikutus ja dialogi johdon ja henkilöstön välillä
Esimiestyö
Työhyvinvoinnista huolehtiminen
Vastuullinen päätöksenteko
Osaamisen kehittymisestä huolehtiminen.

Tasapuolinen ja oikeudenmukainen kohtelu sekä vastuullinen päätöksenteko nousevat vastauksissa vahvasti esille. Vastuullisen henkilöstöjohtamisen näkemykset tukevat myös ajatusta siitä, että työhyvinvointi ja tuottavuus on mahdollista yhdistää, koska vain hyvinvoiva henkilöstö on tuottavaa. (Jackson ym. 2012.) Huomioimalla vastuullisen henkilöstöjohtamisen osa-alueita, organisaatio voi viestiä houkuttelevasta ja vastuullisesta työnantajamielikuvasta nykyisille ja tuleville työntekijöille (Jabbour & Santos, 2008).

Päätöksenteon tulisi olla oikeudenmukaista, selkeää ja ymmärrettävää. Vastuullinen päätöksenteko on asia, joka rakentaa luottamusta ja turvallisuuden tunnetta henkilöstössä. Erityisesti dynaamisessa, nopeasti muuttuvassa ympäristössä tulisi käyttää kaikki mahdolliset keinot, joilla voidaan saada aikaan tunnetta pysyvyydestä ja ennustettavuudesta. Nämä puolestaan lisäävät turvallisuuden tunnetta ja vapauttaa siten energiaa itse työhön. (Viitala & Järlström 2014.)

Työelämässä, johtamisessa ja työnantajan ja henkilöstön välisessä kanssakäymisessä keskeinen onnistumisen edellytys on osapuolten välinen luottamus. Yhteistoimintajohtamisessa tämä on erityisen tärkeätä. Mitä luottamus tarkoittaa? Määritelmiä on monia. Wikipedia määrittelee luottamuksen seuraavasti: "Luottamus on tunne tai varmuus siitä, että johonkuhun tai johonkin voi luottaa, että joku tai jokin ei petä toiveita tai aiheuta pettymystä. Itseluottamus on luottamusta omaan itseensä. Ihmisten välinen luottamus on tunnetta ja kokemusperäistä tietoa."

Työturvallisuuskeskus (2017) määrittelee luottamusta näin: "Luottamus on psykologista turvallisuutta ja organisaation kannalta tärkeää sosiaalista pääomaa. Sosiaalinen pääoma kuvaa avointa dialogia ja tasavertaisesta yhteisöllisyyttä. Sen mekanismit, luottamus ja vuorovaikutus, edistävät tiedon kulkua ihmiseltä toiselle".

"Tällöin rakennetaan yhteisiä merkityksiä ja yhteistä ajattelua tulevaisuudesta ja tavoitteista. Organisaatiokulttuurissa luottamus tai sen poissaolo näkyy paitsi työkulttuurissa, myös toimintatavoissa ja työprosesseissa heijastuen myös asiakaspalvelun ja työn laatuun. Luottamus voidaan määritellä myös tunteeksi, joka kohdistuu johonkin. Se voi olla positiivista luottamusta, negatiivista epäluottamusta tai neutraalia tunnetta".

Luottamustekijöistä erittäin merkityksellinen on oikeudenmukaisuus päätöksenteossa (Gilson 2003). Toimitaan rehellisesti ja pidetään sopimukset. Myös Leivo (2011) on todennut , että sairaalaorganisaatiossa toiminnan tuloksellisuuteen vaikuttavana keskeisenä tekijänä on koettu päätösten oikeudenmukaisuus. Kun johtaminen ja päätöksenteko on oikeudenmukaista, työntekijöiden sitoutuminen lisääntyy. Kauppisen ym. (2013) mukaan tutkimuksissa ovat nousseet esille myös oikeudenmukaisen johtamisen ja työhyvinvoinnin yhteydet.

Entä mitä luottamus tarkoittaa työyhteisössä? "Työpaikoilla luottamus merkitsee sitä, että jokainen yrittää parhaansa, ja jokaista kohdellaan oikeudenmukaisesti hänen odotustensa mukaan. Toimivassa työyhteisössä kaikki ovat ihmisinä ja yksilöinä tasa-arvoisia. Jokainen haluaa olla luottamuksen arvoinen ja myös toimii yhteisössä sen mukaan. Kun työpaikalla vallitsee luottamus, kaikilla on mahdollisuuksia vaikuttaa omaan työhön. Ihmiset keskustelevat avoimesti vaikeistakin asioista, kuuntelevat toisiaan ja ottavat toisensa huomioon. Kaikkien työyhteisön jäsenten välillä vallitsee keskinäinen arvostus". (Työturvallisuuskeskus 2017.)

Luottamuksen rakentamisessa seuraavien arvojen mukainen toiminta lisää luottamusta:

> Oikeudenmukaisuus. Oikeudenmukaisuuden osalta menettelytapojen oikeudenmukaisuus on ratkaisujen oikeudenmukaisuutta tärkeämpää. Mikäli koemme menettelytavat reiluiksi, meidän on helpompi hyväksyä ratkaisut, vaikka ne eivät tuntuisikaan muuten hyviltä.
>
> Osallistuminen. Osallisuuden tunne tuottaa vastuuntunnetta. Jos olen osallisena johonkin, olen siitä myös osaltani vastuussa. Määritellään yhteinen käsitys ja kirjatut säännöt.
>
> Johdonmukaisuus. Sääntöjä pitää noudattaa johdonmukaisesti.
>
> Läpinäkyvyys. Ratkaisut ja toimenpiteet sekä niiden perustelut pitää olla mahdollista nostaa yhteiseen

> tarkasteluun. Tämä merkitsee, että niiden pitää olla saatavilla.
>
> Vastavuoroisuus. Tasapainotettu vastavuoroisuus eli samanarvoisten suoritteiden samanaikainen vaihto. Yleistynyt vastavuoroisuus eli eriaikainen vaihto, joka perustuu odotukselle myöhemmästä tasoittumisesta.
>
> (Työturvallisuuskeskus 2017).

Julkisessa terveydenhuollossa jokaisella työntekijällä on luonnollisesti vastuu omien työtehtäviensä tekemisestä. Työ on vaativaa ja virheisiin ei ole varaa. Siksi työntekijät pyrkivät hoitamaan oman osuutensa korkean ammattiosaamisensa mukaisesti mahdollisimman hyvin. Potilaiden hoidossa työntekijöiden tulee voida luottaa työtovereihinsa, koko hoitotiimiin. Hyvin toimivissa työyhteisöissä vastuunotto ja luottamustaso ovatkin erittäin korkealla tasolla ja työn tulokset erinomaisia.

”Työtoverien keskinäinen luottamus koostuu luottamuksesta toisen osaamiseen, hyväntahtoisuuteen ja luotettavuuteen. Osaaminen vaikuttaa siihen, että kaveri osaa oman hommansa eikä minun tarvitse paikkailla hänen tekemisiään. Hyväntahtoisuus ilmenee siten, että työtoveri ei käytä minua hyväkseen eikä yritä naruttaa minua millään tavalla. Luotettavuus tarkoittaa sitä, että lupaukset pitävät." (Työturvallisuuskeskus 2017.)

Työyhteisössä voi olla myös henkilöitä, jotka eivät kunnioita periaatetta "kunnia sille, jolle kunnia kuuluu". Tarkoitan tällä ideavarkaita ja pyrkyreitä. Esimerkki elävästä elämästä. Sairaanhoitaja x esittää työpaikkakokouksessa erinomaisen idean, miten toimintaa voidaan organisoida paremmin ja ottaa käyttöön uusia toimintatapoja. Läsnä ollut ylempi esimies tyrmää ehdotuksen täysin, mutta esittääkin seuraavassa toimialueensa johtoryhmän kokouksessa saman esityksen omana ideanaan. Luottamus ei todellakaan tällä tavalla vahvistu.

Päätöksentekijät organisaation ylätasolla tekevät toimintaa, taloutta ja henkilöstö koskevia ratkaisuja, mitkä vaikuttavat laajasti työorganisaatiossa. Esimerkiksi kuntayhtymän luottamushenkilöhallinto, valtuusto ja hallitus, hyväksyvät vuosittain toiminta- ja taloussuunnitelman sekä talousarvion. Johtavat viranhaltijat toimivat valmistelijoina ja esittelijöinä virkavastuulla. Valtuuston kokoonpano pohjautuu kunnallisvaalien tulokseen. Siis me kansalaiset viime kädessä teemme valinnan, annamme valtaa ja vastuuta sekä luottamusta.

Yhteistoimintamenettelyn ja yhteistoimintajohtamisen kannalta keskeisiä ovat henkilöstöä koskevat päätökset. Kun yhteistoimintamenettelyn piiriin kuuluvat asiat valmistellaan ja käsitellään yhteistoimintalain mukaisesti yhdessä työnantajan ja henkilöstön edustajien kesken, tarvitaan osapuolilta asiallista ja vastuullista käytöstä sekä vahvaa luottamusta. Osapuolten on hyvä pitää kaiken aikaa kirkkaina mielessä yhteistoiminnan ydin eli työnantajan ja henkilöstön voimavarojen yhdistäminen yhteisen päämäärän saavuttamiseksi.

Vuoropuhelun merkitys

Työnantajan ja henkilöstön välisen yhteistoiminnan ja yhteistoimintajohtamisen onnistumisen kannalta on erittäin suuri merkitys sillä, miten yhteistoiminnan osapuolten välinen vuoropuhelu eli dialogi toimii. Mitä sosiaalinen dialogi tarkoittaa ja miten se kytkeytyy yhteistoimintaan?

Eurooppalainen työ- ja elinolojen kehitys- ja tutkimuslaitos (Eurofound 2015) on määritellyt sosiaalisen dialogin prosesseina, joihin osallistuvat tunnustetut työnantajia ja työntekijöitä edustavat organisaatiot. Sosiaaliseen dialogiin osallistumisen muodot vaihtelevat tiedon jakamisesta neuvotteluihin ja päätöksentekoon osallistumiseen.

Vuoropuhelu (dialogi) ja väittely (debatti) on syytä erottaa toisistaan. Sitran artikkelissa (2018a) on selvitetty dialogin ja debatin eroja seuraavasti: "Debatin tavoitteena on oman näkökannan puolustaminen toista väittämää vastaan. Debatissa osallistujien puolustama kanta on oikea ja vastapuolen kanta on lähtökohtaisesti väärä. Oikeassa oleminen ja voittaminen muodostavat debatin perus-dynamiikan, joka on usein voimakkaampi kuin tarve löytää paras ratkaisu. Debatissa väittely voidaan voittaa tai hävitä, mutta dialogissa ei ole voittajia tai häviäjiä".

"Dialogissa ei ylipäätään ole tarkoitus olla oikeassa tai väärässä. Arvojen priorisointi määrittää, millainen päätös lopputuloksen kannalta koetaan parhaaksi. Debatti toimii yleensä arvokeskustelussa huonosti, kun taas dialogiset menetelmät voivat edistää rajat ylittävää tilannetajua, lieventää arvoristiriitoja sekä lisätä ymmärrystä kokonaisuuksista." Alhaisen ym. (2015) mukaan dialogin pyrkimyksenä on tuottaa ymmärrystä toisten näkemyksistä ja luoda merkityksiä toiminnan kohteena oleville asioille.

"Dialogi tarkoittaa keskustelua, jossa fokusoidaan ymmärtämiseen. Ei ratkaista mitään, ei väitellä, vaan yritetään lisätä ymmärrystä. Pitäisi raivata tilaa tällaiselle keskustelulle, jossa ei yritetä tehdä mitään muuta kuin tätä. Jos tähän sekaantuu päätöksenteko, prosessi häiriintyy, koska ihmiset alkavat ajaa omia intressejään ja pohtia mitä päätöksistä seuraa itselle." (Sitra 2018a.) Toimivan sosiaalisen dialogin luomisessa tärkeätä on työpaikan johdon ja työntekijöiden todelliset pyrkimykset aitoon yhteistoimintaan.

Lasse Peltonen on kuvannut dialogia osuvasti näin: "Dialogissa ei tarvitse olla suoraan sidoksissa mihinkään yksittäiseen päätöksentekotilanteeseen, vaan voidaan etsiä sellaisia asioita, jotka ovat osapuolten agendalla suhteessa päätöksentekoon. Tietyn ratkaisun tuijottaminen ei välttämättä ole sinänsä kiinnostavaa, vaan ihmisiä kiinnostaa myös mistä päätetään ja mitä vaihtoehtoja on. Heitä kiinnostaa myös vaikutusten arviointi. Miten voidaan yhdessä tunnistaa ja rakentaa erilaisia mahdollisia vaihtoehtoja sille ratkaisulle ja mitä vaikutuksia näillä on." (Sitra 2018b.)

Yhteistoiminnan osapuolten välistä dialogia tutkittaessa keskeisinä ovat esille nousseet työnantajan ja henkilöstön yhteiset tavoitteet ja yhteiset edut. Zientaran (2010) mukaan yhteistyö, yhteisymmärrys, kompromissihakuisuus ja luottamus ovat avainasioita sosiaalisessa dialogissa pyrittäessä yhteisiin tavoitteisiin. Tämä vahvistaa käsitystä yhteistoiminnan ydinasiasta eli työnantajan ja henkilöstön voimavarojen yhdistämisestä yhteisen päämäärän saavuttamiseksi.

Adler (2001) korostaa sekä luottamusta että sitoutumista. Luottamus on tärkeätä henkilöiden välillä, mutta myös persoonattomaan järjestelmään, organisaatioon tai instituutioihin kohdistuvana (Biljsma-Frankema & Costa 2005, Mäkipeska & Niemelä 2005).

Koska työnantajan ja henkilöstön välinen vuoropuhelu on yhteistoiminnassa ja yhteistoimintajohtamisessa todella tärkeätä, on syytä selvittää tarkemmin dialogin ehtoja Sitran julkaisun pohjalta:

> Osallistujat ovat tasa-arvoisia. Jokaisen näkökulma asioihin on yhtä arvokas. Yankelovichin (2001) mukaan hierarkiassa ylempänä olevat uskovat usein kohtelevansa muita tasa-arvoisesti, vaikka asia ei todellisuudessa olisi näin. Käsitys itsestämme toisiin nähden joko ylemmän tai alemman tasoisina ohjaa viestintäämme. Kun pidämme itseämme muita ylempinä, emme kuuntele, kun muita alempina, emme uskalla puhua.
>
> Dialogi rakentuu toisten näkökulmien aktiiviselle ja myötäelävälle kuuntelulle. Tämä tarkoittaa tarkan huomion kiinnittämistä siihen, mitä toinen sanoo ja tarkoittaa. Dialoginen kuuntelu on omien näkökulmien uudelleen arviointia sen kuuntelemisen

pohjalta, mitä henkilö haluaa sanoa. Jos dialoginen kuulija ei ymmärrä, hän pyrkii kysymysten avulla tarkentamaan ymmärrystään. Tavoitteena on ennen kaikkea ymmärryksen kasvattaminen siitä, miten toiset osapuolet näkevät ja kokevat asian, mitä voisimme heiltä oppia ja ovatko näkökantamme sovitettavissa yhteen.

Valmius tarkastella omia taustaoletuksiaan ja niiden kyseenalaistamiseen. Ihminen tarkastelee maailmaa aina joidenkin "silmälasien" läpi, jolloin havainnot ovat väistämättä ainakin osittain havaitsijan itsensä tuottamia, ja ne sisältävät oletuksia asioiden välisistä syy-yhteyksistä. Dialogi on menetelmä omien taustaoletusten ja luokittelujen tutkimiseen. Dialogin avulla voimme keskustella, tuoda omat ja muiden oletukset esiin, vaikka omat taustaoletuksemme poikkeaisivat toisten osallistujien taustaoletuksista.

Keskustelu, jossa osallistujat eivät pyri aitoon yhteiseen ymmärrykseen, vaan ajavat omia kätkettyjä intressejään, ei voi muodostua aidoksi dialogiksi. Tällaisen keskustelun mahdollisuudet ratkoa ongelmia jäävät heikoksi, koska osallistujien välinen vuorovaikutus ja ajatusten ilmaiseminen on rajoitettua, eivätkä kaikki asiaan liittyvät näkökannat tule esiin.

Dialogi edellyttää keskinäistä luottamusta. Kuuntelemalla ja pyrkimällä ymmärtämään toisten näkemyksiä ihminen on mukana prosessissa, jossa itse kehittyy. Dialogi edellyttää osallistujilta luottamusta kahteen asiaan: siihen, että toisilta saatu tieto on arvokasta, sekä siihen, että osallistujiin voi ihmisinä luottaa. Kun ihminen luottaa siihen, että toisten näkökulmat ovat arvokkaita, hän kuuntelee heitä tarkasti. Jos luottamus puuttuu, ei ole syytä kuunnella.

Toisaalta, ainoastaan silloin, kun toisiin voi luottaa ihmisinä, heille haluaa avata omia näkemyksiään. Jos toinen näistä luottamuksen ulottuvuuksista puuttuu, vuorovaikutuksen määrä ja laatu jäävät vähäiseksi. Keskustelu voi muuttua dialogiksi vain, jos osallistujat ovat valmiita sekä ilmaisemaan näkemyksensä avoimesti että altistamaan oman ajattelunsa toisten keskustelijoiden vaikutukselle.

Lähde: Sitra 2018a.

Olen työelämässä nähnyt ja kuullut miten työnantajan ja henkilöstön välinen vuoropuhelu toimii, sekä hyvin että heikosti. Parhaimmillaan vuoropuhelu on silloin, kun edellä esitetyt ehdot täyttyvät. Tiivistetysti tämä tarkoittaa sitä, että osapuolet ovat lähtökohtaisesti tasa-arvoisia, ilmaisevat näkemyksensä rehellisesti, kuuntelevat aktiivisesti toista osapuolta, pyrkivät löytämään yhteisymmärryksen ja luottavat toisiinsa ihmisinä.

Yhteistoimintajohtamisessa johtaja tai esimies saa avoimen vuoropuhelun avulla päätöksenteon kannalta oleellisen arvokkaan tiedon ja myös sitä käyttää. Jos vuoropuhelu on heikkoa tai osapuolten taustavoimien määrittelemät joustamattomat intressit ja tavoitteet ovat liian "kiveen hakatut", yhteistoiminta ja yhteistoimintajohtaminen ontuu.

Työhyvinvoinnin johtaminen

Johtajan moninaisista tehtävistä yksi keskeisin on huolehtia henkilöstönsä hyvinvoinnista ja jaksamisesta. Yhteistoiminnallinen johtaminen on jo sinänsä työhyvinvointia edistävä johtamistapa, koska ratkaisut tehdään työnantajan ja henkilöstön yhteistyönä.

Mitä käsite työhyvinvointi pitää sisällään? Työhyvinvoinnista on kirjoitettu paljon kirjoja ja määritelmiä on lukuisia. Kuntien eläkevakuutuksen mukaan työhyvinvointi voidaan ymmärtää yksilön kokemuksena työnteon mielekkyydestä, työyhteisön ilmapiiristä, lähiesimiestyöstä ja johtamisesta sekä työyhteisön kokemuksena työn sujuvuudesta ja yhteisestä aikaansaamisen tunteesta.

Työnteon mielekkyys riippuu yksilön osaamisen ja työn vaatimusten tasapainosta, yksilön terveydestä ja voimavaroista sekä yksilön asenteista, arvoista ja motivaatiosta. Kunnan eri strategiat, kuten palvelu- ja henkilöstöstrategiat ohjaavat työhyvinvoinnin edistämistä antamalla eväitä organisaation toimintatavalle, johtamiskulttuurille sekä työyhteisön toiminnalle ja perustehtäville. Työhyvinvointi ilmenee yksilö- ja työyhteisötasolla työhön paneutumisena ja yhteistyön sujuvuutena sekä koko organisaation tasolla palvelujen laatuna ja toiminnan tuloksellisuutena.

Työterveyslaitoksen työhyvinvoinnin määritelmässä ihmisen voimavarat työelämässä muodostuvat terveydestä, fyysisestä, psyykkisestä ja sosiaalisesta työkyvystä, tiedoista, taidoista ja osaamisesta sekä motivaatiosta ja sitoutumisesta. Pysyviä tuloksia saadaan kehittämällä inhimillisiä voimavaroja ja tukemalla työorganisaatioita toimintatapojen uudistamisessa. Työhyvinvointia edistää henkilöstön työn hallinnan tukeminen ja sen sovittaminen yhteen työn vaatimusten kanssa. Työyhteisön jäsenten tulee omalta osaltaan huolehtia henkisestä ja fyysisestä terveydestään ja työnantajan tulee toiminnallaan tukea tätä.

Työhyvinvointi tarkoittaa turvallista, terveellistä ja tuottavaa työtä, jota ammattitaitoiset työntekijät ja työyhteisöt tekevät hyvin johdetussa organisaatiossa. Työntekijät ja työyhteisöt kokevat työnsä mielekkääksi ja palkitsevaksi, ja heidän mielestään työ tukee heidän elämänhallintaansa. (Anttonen ym. 2009.)

Kunnallinen työmarkkinalaitos (2007) on listannut työhyvinvoinnin johtamisessa huomioitavia periaatteita seuraavasti:

> Työhyvinvointi on tavoitteellista henkilöstöjohtamiseen sisältyvää toimintaa

Työhyvinvointia toteutetaan yhteistoiminnallisesti työnantajan ja henkilöstön kanssa

Henkilöstön osaamisesta, pätevyydestä ja ammattitaidosta pidetään jatkuvasti huolta

Jokainen työntekijä tietää yksikkönsä ja oman työnsä tavoitteet

Työntekijöille on annettu selkeät vastuut ja he voivat suunnitella omaa työtään

Työt vastaavat työntekijöiden osaamista ja ammattitaitoa ja toimintakykyä

Töiden sisältö on monipuolinen ja mielekäs kokonaisuus

Työntekijöitä kannustetaan ja tuetaan

Työpaikan terveys- ja turvallisuusriskit on huolella arvioitu

Työympäristö on toimiva, terveellinen ja turvallinen

Työ on fyysisesti ja henkisesti tekijöilleen sopiva

Työolojen ja henkilöstön hyvinvointia seurataan ja arvioidaan jatkuvasti.

Kunnallinen työmarkkinalaitoksen (2007) mukaan työntekijöiden toimintakykyä edistävät seuraavat toimenpiteet: työpaikkaruokailu, mahdolliset fyysisen kunnon kohottamisen tukitoimet, päihteetön ja savuton työpaikka, tapaturmien torjunta, kuntoremonttitoiminta, kuntoutus, työperäisten sairauksien ja ammattitautien torjunta.

Työn hallintaa edistävät muun muassa: henkilöstökoulutus, työnohjaus, perehdyttäminen, uudelleen sijoitus, työkierto, kehityskeskustelut ja työn mukauttaminen. Elämäntilannetta tukevia toimia ovat: virka- ja työvapaat, vuorotteluvapaat, osa-aikalisä ja -eläkkeet, joustavat työaikakokeilut ja osasairausloma.

Työhyvinvoinnin johtaminen on sekä vahvasti yhteistyötä että yhteistoiminnallista työtä. Työorganisaatioissa toimijoita ovat johtajat ja esimiehet, henkilöstöhallinto, työsuojeluhenkilöstö, työterveyshuolto ja henkilöstön edustajat. Työhyvinvointiohjelmat, työsuojelun toimintaohjelmat ja muut työhyvinvointia lisäävät ohjelmat tulee laatia työnantajan ja henkilöstön edustajien yhteistyönä työterveyshuollon asiantuntemusta hyödyntäen. Ohjelmien ja toimenpiteiden toteutuksesta ja johtamisesta sekä seurannasta vastaavat johtajat ja esimiehet eri organisaatiotasoilla.

Monissa työorganisaatioissa työhyvinvointia edistämään on perustettu moniammatillisia työryhmiä (TYKY tai TYHY), jotka toimivat johtajien ja esimiesten apuna suunnitellen ja toteuttaen erilaisia työkykyä ylläpitäviä ohjelmia ja tapahtumia. Moniammatillisessa TYKY-ryhmässä voi olla esimerkiksi työterveyslääkäri, työpsykologi, työterveyshoitaja, sosiaalityöntekijä, henkilöstöhallinnon edustaja, hoitotyön johdon edustaja, työsuojelupäällikkö ja työsuojeluvaltuutettu sekä pääluottamusmies tai luottamusmies.

Eräs viime aikoina esille noussut työhyvinvointiasia on osatyökykyisten työssä jatkamisen tukeminen ja uudelleensijoitus. Jokaisessa työorganisaatiossa on työssä henkilöitä, joiden fyysinen tai psyykkinen työkyky on alentunut niin, ettei nykyisessä työssä selviäminen enää onnistu. Jaksamisen tukemisessa on monia keinoja. Voidaan esimerkiksi keventää työtä jättämällä raskaita töitä pois, siis muuttamalla työn kuvaa, siirtyä osa-aikatyöhön, jne. Aina ei työyksikön toimet riitä, jolloin vastaan tulee uudelleensijoitus. Tässä tehtävässä organisaation TYKY-työryhmällä voi olla merkittävä johtajia ja esimiehiä avustava rooli.

Omat kokemukseni organisaation TYKY-ryhmän toiminnasta uudelleensijoituksissa olivat erittäin positiivisia. Sijoitettavan tilanne käytiin ryhmässä perusteellisesti läpi ja aina oli mukana sijoitettava itse ja hänen lähiesimiehensä. Usein tilanne oli niin, että työyksikössä oli tehty kaikki mahdollinen ja sijoitettava oli yrittänyt kaikkensa selviytyäkseen työssään. Uuden työn löytäminen toisesta työyksiköstä ei suuressakaan organisaatiossa ollut helppoa, sillä osatyökykyisiä oli lähes kaikilla toimialueilla. Jo työkokeilupaikan löytäminen vaati neuvotteluja. Tilannetta helpotti se, että organisaatiossa oli varattu budjettiin määräraha sisäisiä työkokeiluja varten, jolloin sijoitettavan palkkauskustannukset osoitettiin tästä erillisestä määrärahasta.

Uudelleensijoituksissa keskijohdon asenne työkokeiluihin ja pysyvään sijoitukseen vaihtelivat huomattavasti. Parhaissa tapauksissa johtajat olivat sijoitukselle myönteisiä ja tekivät kaikkensa sen onnistumiseksi ja tulokset olivat erinomaisia. Vastakkaisesta suhtautumisesta esimerkkinä johtaja, joka vastasi kielteisesti työkokeiluehdotukseen näin: " Emme ota töihin kuin 100 prosenttisesti työkykyisiä". Kysyin montako sinun yksikössäsi on 100 prosenttisesti työkykyistä? Vastauksena oli hiljaisuus.

Lopuksi

Olen tässä kirjassa pyrkinyt selvittämän yhteistoiminnallista tapaa johtaa Suomen julkisessa terveydenhuollossa. Tutkitun tiedon lisäksi olen sisällyttänyt kirjaan omia kokemuksiani ja näkemyksiäni työnantajan ja henkilöstön välisestä yhteistoiminnasta ja yhteistoiminnallisen johtamistavan edellytyksistä ja mahdollisuuksista.

Kun asioiden valmistelussa ennen päätöksentekoa kuullaan henkilöstöä ja käydään avointa vuoropuhelua henkilöstön tai heidän edustajiensa kanssa, saadaan päätöksenteon tueksi mahdollisimman paljon asiaan liittyvä tietoa ja samalla henkilöstö pääsee vaikuttamaan heitä itseään koskeviin yhteistoiminnan asiapiiriin kuuluviin asioihin. Yhteistoiminnallisen johtamisen avulla toteutuu yhteistoiminnan ydin eli työnantajan ja henkilöstön voimavarojen yhdistäminen yhteisen päämäärän saavuttamiseksi.

Yhteistoimintaan velvoitetaan lain voimalla. Hyvät johtajat ja esimiehet ovat jo ennen yhteistoimintalakeja kuulleet henkilöstöään ja huomioineet päätöstensä henkilöstövaikutukset. Hyviä yhteistoimintajohtamisen käytäntöjä on suomalaisessa julkisessa terveydenhuollossa runsaasti.

Työelämässä eletään muutoksen aikaa. Etätyö on osin tullut jäädäkseen, mikä aiheuttaa haasteita johtamiselle ja esimiestyölle. Myös työntekijöiden uupuminen näyttä huolestuttavasti lisääntyvän. Näiden tekijöiden myötä yhteistoiminnallinen johtaminen on entistä tärkeämpää työorganisaatioissa. Yhteistoimintalakia ollaan uusimassa. Henkilöstöedustus nähdään yhä tärkeämpänä. Samoin jatkuva säännöllinen vuoropuhelu työnantajan ja henkilöstön kesken.

Viime vuosituhannen puolella perehdyin hallinnon saloihin muun muassa lukemalla miten organisaatio toimii ohjausjärjestelmänä julkisessa hallinnossa. Kun yhteistoimintaa työorganisaatiossa kehitetään, on tärkeätä kytkeä yhteistoiminta ja yhteistoiminnallinen johtaminen juuri omaan työorganisaatioon soveltuvaksi. Yhteistoimintajohtaminen tulisi saada hyväksi arjen toimintatavaksi.

Toivon, että tämän kirjan tiedot auttavat sinua johtaja tai esimies näkemään yhteistoiminnan hyödyt ja saat eväitä vaativaan työhösi edelleen kehittää toimintaa yhdessä henkilöstösi kanssa, avoimesti ja luottamuksellisesti.

Sinulle hallintoa tai johtamista opiskelevalle toivon, että tämä kirja auttaa sinua perehtyessäsi hallinnon maailmaan ja johtamisen moninaisuuteen. Toivon, että siirtyessäsi työelämään ottaisit yhteistoiminnallisen johtamisotteen ja luontevan vuoropuhelun työntekijöiden ja heidän edustajiensa kanssa toimintatavaksesi.

Kiitos.

Lähteet ja kirjallisuus

Aaltonen, T., Luoma, M. & Rautiainen, R (2004). Vastuullinen johtaminen inhimillistä tuloksentekoa. WS Bookwell Oy, Juva.

Aaltonen, T., Pajunen, H. & Tuominen, K. (2005). Syty ja sytytä. Valmentavan johtamisen fisosofia. Helsinki. Talentum.

Adler, P.S. (2001). Market, Hierarchy, and Trust. The Knowledge Economy and the Future of Capitalism. Organization Science 12.

Akava (2020) .Paikallisen sopimisen laajentaminen ohi tes-järjestelmän kriisiyttäisi työmarkkinat. Verkkouutiset 10.9.2020.

Alasoini, T. (2014). Miltä näyttää Euroopan paras työelämä henkilöstöjohtamisen näkökulmasta? Teoksessa Pakarinen, T & Mäki, T. (toim.) Henkilöstöjohtaminen kurkiauran kärkeen: uudistumisen sykettä palveluihin. Helsinki: Edita.

Alhanen, K., Soini, T. & M. Kangas (2015). Dialoginen johtaminen ja vallankäyttö. Dialogiakatemia.

Anttonen, H, Räsänen, T. toim. (2007). Työhyvinvointi – uudistuksia ja hyviä käytäntöjä. Työterveyslaitos. Helsinki.

Argyris, C. & Schön, D.A. (1974). Theory in Practice. Increasing Professional Effectiveness. Jossey-Bass: San Francisco.

Batler, J., Ferris, G., Napier, N. (1991). Strategy and human recourses management. Cincinnati. Ohio, South-Western Publishing.

Biljsma-Frankema, K. & Costa, A. (2005). Undestanding the Trust-Control Nexus. International Sociology 20(3).

Boselie, P. (2010). High performance work practices in the health care sector: a Dutch case study. International Journal of Manpower 31(1), 42-58.

Carlsson, M. & Forssell, C. (2008). Esimies ja coaching – Oivaltava coaching johtamisen työkaluna. Tietosanoma Oy. Porvoo: WS Bookwell Oy.

Ehnert, I. (2009). Sustainable Human Resource Management: A Conceptual and Exploratory Analysis from a Paradox Perspective. Heidelberg: Physica-Verlag.

Eklund, K. & Suikkanen, A. (1984). Työsuojelutoiminta työpaikoilla. Tutkimus työsuojelu-uudistusten merkityksestä ja vaikutuksista työsuojelun sisältöön ja toteutustapoihin. Joensuun yliopisto. Yhteiskuntatieteiden tiedekunta. Yhteiskuntapolitiikan ja sosiologian tutkimuksia 1:1984. Joensuu.

Eurofound (2015). Third European Company Survey – Overwiew report: Workplace practices – Patterns, performance and well-being. Luxemburg Publications Office of European Union.

Follett, M.P. (1971.The giving orders. Teoksessa D.Pugh (ed.): Organization theory. Harmondsworth. Penguin. 147 – 195 (alkuperäinen 1941).

Follet, M.P. (1995). Mary Parker Follet – Prophet of Management: A Celebration of Writings from the 1920s. Ed. by Graham, Pauline. Harvard Busines School Press (Boston, Massachusetts).

Freeney, Y.M. & Tiernan, J. (2009). Exploration of the facilitators of and barriers to work engagement in nursing. International Journal of Nursing Studies 46(12).

French, W. & Bell, C. (1990). Organizational development. Behavioral science interventions for organization improvement. Prenice-Hall: Englewood Cliffs.

Gilson, L. (2003). Trust and the development of health care as a social institution . Social Science & Medicine. 56 (7).

Grönroos, E. & Perälä, M-L. (2004). Johtamistutkimus terveydenhuollossa. Kirjallisuuskatsaus. Helsinki: Stakes.

Hackman, R. & Oldham, G. (1980). Work redesign. Addison-Wesley: Reading.

Hamel, G. (2007). Johtamisen tulevaisuus. Helsinki. Talentum.

Harisalo, R. (2009). Organisaatioteoriat. Tampereen Yliopistopaino Oy – Juvenes Print. Tampere.

Harisalo, R. (2020). Päätöksenteon rationaalisuus – realistinen vai epärealistinen tavoite? Hallintoakatemia.

Hiltunen, A. (2012). Johtamisen taito. Sanoma Pro Oy. Neljäs painos.

Hollway, W, (1993). Work Psychology and Organizational Behavior: Managing the Individual at Work. Sage Publications: London. Newbury Park, New Delhi.

Ikola-Norrbacka (2010). Johtamisen eettisyys terveydenhuollossa. Esimiestyön ja hallinnon eettiset arvot julkisen johtamisen prosessioissa. Acta wasaensia no 222. Julkisjohtaminen 14. Universitetis Wasaensis.

Jabbour, C. & Santos, F. (2008). The central role of human resource management in the search for sustainable organizations. International Journal of Human Resource Management 19:12.

Juntunen, P., Nurmi, V-P., Stenvall, J. (2009). Kuntien varautuminen ja turvallisuuden hallinta muuttuvissa hallinto- ja palvelurakenteissa. Acta/Suomen kuntaliitto.

Järlström, M. & Vanhala, S. (2014). Vastuullisuus henkilöstöjohtamisessa. Teoksessa Viitala, R., Järlström, M. (toim.) Henkilöstöjohtaminen uuden edessä. Henkilöstöbarometrin nostamat kehityshaasteet. Vaasan yliopiston julkaisuja. Tutkimuksia 302. Liiketaloustiede 107. Johtaminen ja organisaatiot.

Kasvio, A. (1990). Työorganisaatioiden tutkimus ja niiden tutkiva kehittäminen. Kirjallisuuskatsaus. Tampereen yliopisto. Yhteiskuntatieteiden tutkimuslaitos, Työelämän tutkimuskeskus. Sarja T 4/1990. Tampere.

Kauppinen, T., Mattila-Holappa, P., Perkiö-Mäkelä, M., Saalo, A., Toikkanen, J., Tuomivaara, S., Viluksela, M., Uuksukainen, S & Virtanen (toim.) (2013). Työ ja terveys Suomessa, Seurantatietoa työoloista ja työhyvinvoinnista. Työterveyslaitos. Helsinki.

Kettunen, P. (1994). Suojelu, suoritus, subjekti. Työsuojelu teollistuvan Suomen yhteiskunnallisissa ajattelu- ja toimintatavoissa. Suomen Historiallinen Seura, Historiallisia tutkimuksia 189. Helsinki.

Koivuniemi, T. (2004). Henkilöstövoimavarojen moninaisuus, muutos ja johtaminen kuntasektorilla. Henkilöstötilinpäätöksillä ja kehittämishankkeilla hyvää henkilöstötyötä. Akateeminen väitöskirja. Tampereen yliopistopaino. Tampere.

Korpi, R., Tanhua, P. (2007). Yhteispeli työelämässä. Kasva esimiehenä ja alaisena. Ajatus kirjat. Gummerus Kustannus Oy. Jyväskylä.

Kunnallinen työmarkkinalaitos (2007). Ohjeet työnantajan ja henkilöstön välisestä yhteistoiminnasta kunnissa. Helsinki.

Kunnallinen työmarkkinalaitos (2007). Työhyvinvoinnin toimintalinjat ja hyvät käytännöt - suositus kunta-alalle. Helsinki.

Kunnallinen työmarkkinalaitos (2016). Paikallisen sopimisen edistäminen. Yleiskirje 7/16. Helsinki.

Kunnallinen työmarkkinalaitos (2019). Paikallinen sopiminen kunta-alalla. Opas kuntatyönantajille. Helsinki.

Lammintakanen, J., Rissanen, S., Peronmaa-Hanska, E., Joensuu, M. ja Ruottu, T. (2016). Johtaminen ja kehittäminen sosiaali- ja terveydenhuollossa. Monialaisen ja ammattiryhmäkohtaisen toiminnan käytännöt ja rakenteet. Sosiaali-ja terveysministeriön raportteja ja muistioita 2016:68.

Leivo, P. (2011). Työn imu, työn voimavaratekijät ja tuloksellisuuskokemukset sairaalaorganisaatiossa. Tampereen yliopisto, Yhteiskunta- ja kulttuuritutkimuksen yksikkö, psykologia. Lisensiaatintutkimus (erikoispsykologikoulutus).

Likert, R. (1961). New patterns of management. McGraw-Hill: New York.

Lindström, S. & Vanhala, S. (2011). Tuloksellisuusdiskurssit kuntien henkilöstöjohtamisessa. Hallinnon tutkimus 30:1.

Lääketieteellinen aikakausikirja Duodecim (2008). Johtaminen terveydenhuollossa.

McGregor, D. (1971). Theory X and theory Y. In Pugh, D. ed: Organization theory. Penguin: Harmondswort: 305-323. (oring, 1960).

Mäkipeska, M. & Niemelä, T. (2005). Haasteena luottamus – Työyhteisön sosiaalinen pääoma ja syvärakenne. Edita Oy. Helsinki.

Niiranen,V., Stenvall,J., Lumijärvi,I. (toim.) (2005). Kuntapalvelujen tuloksellisuuden arviointi. Tasapainotettu mittaristo kunnallisissa organisaatioissa. PS-kustannus. Otavan kirjapaino. Keuruu.

Ojakoski, M. (1999). Milläs selität kun toinen ei kuuntele. Yhteistoimintalain toimivuus elintarviketeollisuuden työpaikoilla työelämän laatukysymyksenä. Acta Universitatis Tamperensis 717. Tampere.

Ollila, S. (2006). Osaamisen strategisen johtamisen hallinta sosiaali- ja terveysalan julkisissa ja yksityisissä palveluorganisaatioissa. Johtajuuden ulottuvuudet työnohjauksellisena näkökulmana. Acta Wasaensia No 156. Sosiaali- ja terveyshallinto I. Universitatis Wasaensis, Vaasa.

Otala, L. (2000). Hyvä ja tasa-arvoinen työyhteisö. Työministeriö, Helsinki.

Peltonen, T. (2010). Organisaatioteoria – Klassisesta jälkimoderniin. WSOY pro. Jyväskylän yliopisto.

Salminen, A. (1998). Hallintotiede. Organisaatioiden hallinnolliset perusteet. 3.painos. Edita. Hallinnon kehittämiskeskus. Helsinki.

Salo, S. & Leisti, S. (1994). Muutos ja johtajuus. Näkökulmia terveydenhuollon murrokseen. Suomen kuntaliitto. Helsinki.

Seeck, H. (2008). Johtamisopit Suomessa: taylorismista innovaatioteorioihin. Galdeamus. Helsinki.

Simoila, R. (1999). Terveydenhuolto johtamisen areenana. Teoksessa Simoila, R., Kangas, R. & Ranta, J. (toim.) Hoitotyötä johtamaan. Helsinki. Kirjayhtymä Oy.

Simon, Herbert A. (1979). Päätöksenteko ja hallinto. Weilin+Göös. Espoo.

Sitran artikkeli (2018a). Mikä tekee dialogin: Dialogisen vuorovaikutuksen tunnuspiirteet ja edellytykset. Suomen itsenäisyyden juhlarahasto.

Sitran artikkeli (2018b). Kohti dialogista Suomea. Dialogin hyötyjä päätöksenteolle. Suomen itsenäisyyden juhlarahasto.

Stenvall, J., Majoinen, K., Syväjärvi, A., Vakkala, H., Selin, A. (2007). "Mee romppeines siihen" Henkilöstövoimavarojen hallinta ja muutoksen johtaminen kuntafuusioissa. Lapin yliopisto. Suomen kuntaliitto. Työsuojelurahasto. Helsinki.

Subramony, M. (2006). Why organizations adop some human resouce management practices and reject others: an exploraion of rationales. Human Reource Management 45 (2), 195-210.

Suonsivu, K. (2003). Kun mikään ei riitä. Hoitotyöntekijöiden masennuksen kokemukset ja niiden yhteydet työyhteisötekijöihin. Acta Universitatis Tamperensis 926. Tampere.

Suonsivu, K. (2019). Työhyvinvointi osana henkilöstöjohtamista. Kolmas painos. United Press.

Suonsivu, K. (2011). Työyhteisön valmentaja. Sajaman artikkeli, Tehy-lehti 9/2011.

Suonsivu, K. & Surakka, T. (2014). Laitoshoidossa työskentelevien esimiesten uupumisen kokemukset. Hallinnon tutkimus, 33 (3). Hallinnon tutkimuksen seura.

Suonsivu, P. (2018). Osallistun ja vaikutan. Tutkimus henkilöstön vaikutusmahdollisuuksista yhteistoimintamenettelyssä sairaanhoitopiirissä. Lisensiaatintyö. Tampereen yliopisto. Johtamiskorkeakoulu.

Suonsivu, P. (2019). Henkilöstön vaikutusmahdollisuudet yhteistoiminnassa. BoD – Books on Demand. Helsinki.

Suonsivu, P. (2020). Tie hyviin päätöksiin terveydenhuollossa. BoD – Books on Demand, Norerstedt, Saksa.

Sydänmaanlakka, P. (2007). Intelligent Self Leadership. Espoo. Pertec Consulting.

Sweeney, P.D. & McFarlin, D.P. (1993). Workers evaluations of the "Ends" and the "Means": An examination of the four models of distributive and procedural justica. Organisational Behaviour and Human Decision Process 55.

Syväjärvi, A. & Vakkala, H. (2012). Psykologinen johtamisorientaatio - positiivisuuden merkitys ihmisten johtamisessa. Teoksessa Perttula, J. & Syväjärvi, A. toim. Johtamisen psykologia. Ihmisten johtaminen muuttuvassa työelämässä. PS-Kustannus: Juva 195-225.

Syvänen, S. (2003). Työn paineet ja puuttumattomuuden kustannukset. Tutkimus sisäisen tehottomuuden lähteistä ja vaikutuksista, esimerkkikohteena kuntien sosiaalitoimen vanhuspalveluja tuottavat työyhteisöt. Acta Universitatis Tamperensis 942. Tampereen yliopisto.

Sädevirta, J. (1996). Henkilöstöjohtaminen ja sen tutkimuksen kehittyminen. Artikkelikokonaisuudessa HENSTRA: Henkilöstöjohtamisen tutkiminen. Kunnallinen työmarkkinalaitos .

Sädevirta, J. (2004). Henkilöstöjohtamisen ja sen tutkimuksen kehittyminen. Henkilöstöhallinnollisesta johtamisesta ihmisvoimavarojen strategiseen johtamiseen. Tykes raportteja 35.

Tarkkonen, J. (2005). Yhteistoiminnan ehdoilla, ymmärryksen ja vallan rajapinnoilla. Työsuojeluvaltuutetut ja -päälliköt toimijoina, työorganisaatiot yhteistoiminnan areenoina ja työsuojelujärjestelmät kehittämisen kohteina. Acta Universitatis Ouluensis. Oulu.

Tarkkonen, J. (2016). ”Näin on tehty ennenkin”. Tutkimus turvallisuuden ja hyvinvoinnin kokonaishallintaa estävistä ja vaikeuttavista uskomuksista. Akateeminen väitöskirja. Acta Universitatis Lapponiensis 318. Lapin yliopisto. Rovaniemi.

Tompkins, J. (2002). Strategic Human Resources Management in Government: Unresolved Issues. Public Personnel Management 31(1), 95-110.

Työ- ja elinkeinoministeriö (2020). Paikallisen sopimisen tila ja edistämisen edellytykset. Työ- ja elinkeinoministeriön julkaisuja 2020.8.

Työturvallisuuskeskus (2017). Luottamuksen rakentaminen työyhteisön vuorovaikutuksessa.

Työturvallisuuskeskus (2020). Johtaminen ja esimiestyö.

Valvira, Sosiaali- ja terveysalan lupa- ja valvontavirasto (2007). Hyvä johtaminen parantaa terveydenhuollon laatua.

Vartola, J. (2005). Näkökulmia byrokratiaan. Tampereen Yliopistopaino Oy – Juvenes Print. Tampere.

Virtanen, P., Stenvall, J. (2011). Julkinen johtaminen. 2. painos. Tallinna.

Virtanen, P., Stenvall, J. (2014). Älykäs julkinen organisaatio. Tietosanoma Oy. Helsinki. Tallinna.

Walton, R., McKersie, R. (1985). A Behavioral Theory of Labor Negotiantions An Analysis of Social Interaction System. New York.

Wessman, R. (2021) .Voiko paikallinen sopiminen olla avain kaikkia hyödyttävään tuottavuusloikkaan. Sopimisen tulevaisuus. Must Real.

Whetten, D., Cameron, K & Wood, M. (1996). Developing Management Skills. Effective empowerment & delegation. London: Harper Collins.

Yankelovich, D. (2001). The Magic of Dialogue. Transforming Conflict into Cooperation. Simon and Schuster.

Zientara, P. (2010). The involvement of Polish trade unions in social dialogue and workplace governance: implications for reform. International Social Science Journal 61.

Lait

Kunnallinen virkaehtosopimuslaki 6.11.1970 / 669

Laki työnantajan ja henkilöstön välisestä yhteistoiminnasta kunnissa (449/2007)

Laki työsuojelun valvonnasta ja työpaikan työsuojeluyhteistoiminnasta (44/2006)

Laki yhteistoiminnasta valtion virastoissa ja laitoksissa (651/1988)

Laki yhteistoiminnasta yrityksissä (725/1978)

Laki yhteistoiminnasta yrityksissä (334/2007)

Suomen perustuslaki 11.6.1999/731

Työehtosopimuslaki 436./1946

Työsopimuslaki 55/2001